Motivierende TEAMARBEIT

Erfolgreich zusammenarbeiten in der Kita

Andrea Przybilla/
Dieter Rossmeissl

Auf den
Punkt
gebracht

Motivierende TEAMARBEIT

Erfolgreich zusammenarbeiten in der Kita

HERDER
FREIBURG · BASEL · WIEN

Um der Vielfalt der Berufe und dem Geschlecht ihrer Inhaber gerecht zu werden, ohne die Lesbarkeit der Texte einzuschränken, wechseln wir in diesem Buch unsystematisch zwischen der weiblichen und der männlichen Form ab. Jede umfasst dabei grundsätzlich nicht nur männliche und weibliche Akteure, sondern auch alle LGBTQ-Orientierungen mit gleicher Wertschätzung.

FSC MIX Papier | Fördert gute Waldnutzung FSC® C010798 www.fsc.org

www.herder.de

Umschlagkonzept: Uwe Stohrer, Freiburg
Umschlaggestaltung: Sabine Ufer, Leipzig
Zeichnungen Cover und Innenteil: Elena Przybilla
Layout, Satz und Gestaltung: Sabine Ufer, Leipzig

Herstellung: Graspo CZ, Zlín
Printed in the Czech Republic

ISBN Print 978-3-451-39539-0
ISBN E-Book (PDF) 978-3-451-82945-1
ISBN E-Book (EPUB) 978-3-451-82962-8

Inhalt

Vorwort
„Wir sagen: Willkommen, bienvenue, welcome …“

Mit diesem Buch wollen wir Sie einladen, sich mit der Teamarbeit in Ihrer Kita zu befassen, um Ihre Aufgaben effizient und erfolgreich gemeinsam zu schaffen. Wir wollen Ihnen Einblicke vermitteln, wie ein Team entsteht, sich entwickelt und die Arbeit in der Kita prägt. Dazu haben wir Tipps zusammengetragen und „auf den Punkt gebracht“ – mit vielen praktischen Übungen, die Sie im Team mit Freude und Leichtigkeit ausprobieren können. Das Buch will, gestützt auf wissenschaftliche Erkenntnisse, mit Reflexionen, Übungen und Aufgaben ein Wegbegleiter der Teamarbeit sein.

Zu Beginn fragen wir uns im **ersten Kapitel**, was ein Team überhaupt ausmacht und wie es funktioniert. Dabei zeigt sich, dass ein Team mehrere Phasen durchläuft, die aber nicht nacheinander stattfinden müssen, sondern auch parallel verlaufen oder auch auf eine frühere Stufe zurückgreifen können. Teambildung und die Maßnahmen dazu, die als Teambuilding bezeichnet werden, sowie die Weiterentwicklung eines Teams stehen hier im Zentrum.

Natürlich sind nicht alle Mitglieder eines Teams gleich. Die Stärken, die Chancen, die sich gerade aus der Unterschiedlichkeit der Teammitglieder ergeben, wollen wir im **zweiten Kapitel** aufzeigen. Danach richten wir im **dritten Kapitel** den Blick auf die unterschiedlichen Rollen, die aufgrund ihrer Potenziale im Team Aufgaben erfolgreich übernehmen.

Ein Team ist immer so gut wie die Kommunikation zwischen seinen Mitgliedern. Deshalb wird im **vierten Kapitel** dargestellt, wie sich die Kommunikation auf die Teamarbeit auswirkt und wie diese gefördert werden kann. Gibt es Konflikte im Team, belastet das alle, aber „davon geht die Welt nicht unter“. Konfliktfähigkeit und eine positive Fehlerkultur sind vielmehr wesentliche Elemente entwicklungsfördernder Teamarbeit und können für alle Beteiligten eine Chance sein, die persönliche Situation zu stabilisieren und die Arbeit im Team zu verbessern. Dazu stellen wir im **fünften Kapitel** konkrete Übungen vor.

Gerade weil ein Team kein Zusammenschluss Gleicher ist, kommt der Leitung eine besondere Verantwortung zu. Diese lässt sich aber nicht allein auf die hierarchisch höhere Ebene verschieben, sondern fordert das ganze Team heraus. Das **sechste Kapitel** geht darauf mit praktischen Anregungen ein.

Teamqualität, Berufsethos, die Vielzahl der neuen Anforderungen an Kita-Mitarbeiterinnen und nicht zuletzt die Frage nach der Gesunderhaltung und dem allgegenwärtigen Zeitmangel wollen wir im **siebten** und **achten Kapitel** beleuchten.

Folgende **Piktogramme** (Zeichnungen) führen Sie durch die Kapitel:

M 1 = Wissen und Erläuterungen

Die Glühbirne steht für Erleuchtungen, für Einblicke in das Thema des Kapitels und die Zusammenhänge. Vielleicht elektrisiert Sie auch manches, was Sie da lesen. Das wäre schön.

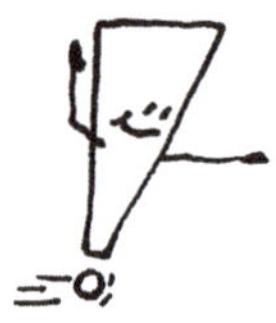

M 2 = Fokus und Merksätze

Das Ausrufezeichen bringt es auf den Punkt. Einige Kernsätze betonen das Wichtigste aus dem Kapitel, aber um den Fokus zu verstehen, sollte man schon vorher lesen, was die „Glühbirne" erläutert. Und dann setzt jeweils noch ein Zitat (von mehr oder weniger berühmten Menschen) einen Impuls zum Nachdenken.

M 3 = Reflexionsimpulse

Das große X im Reflexionsabschnitt steht für das Quer-Denken. Einige Fragen sollen Sie anregen, über Ihre eigene Situation in Ihrem Team nachzudenken. Dabei gibt es keine richtigen oder falschen Antworten, sondern einfach nur Ihre persönlichen. Das gilt auch für die Satzanfänge, die zur Ergänzung auffordern. Schreiben Sie ruhig Ihre weiterführenden Gedanken in Ihr persönliches Exemplar dieses Buches!

M 4 = Übungen zur Durchführung im Team

Theorie ist wichtig, tun aber noch mehr. Und weil ein Team immer auch ein Experiment ist auf dem Weg zur eigenen Weiterentwicklung, schlagen wir Ihnen mit dem kleine Seilspringerlein ein paar Übungen vor, wie Sie die Situation in Ihrem Team erkunden, entwickeln und verbessern können. Natürlich müssen Sie nicht alles machen, was wir Ihnen vorschlagen, aber ein paar Anregungen wollen wir Ihnen in unserem Praxisbuch schon geben. Sie haben zusätzlich weitere Ideen, wie Sie in und mit Ihrem Team vorankommen können? Fantastisch! Umso besser!

Als Überschriften zu den einzelnen Kapiteln haben wir Variationen zu (alt-)bekannten Liedern gewählt, die auf den Kern des jeweiligen Themas zielen. Können Sie die Lieder erkennen? Wenn nicht: Die „Auflösung" finden Sie als Download unter www.herder.de/extras.

Insgesamt ist dieses Buch ein Wegweiser für die Teamarbeit – immer auf der Suche nach den Chancen, die in der Gemeinsamkeit stecken. Denn: Motivierende Teamarbeit ist ein Gewinn für alle. Wir wünschen Ihnen deshalb viel Freude im Team Ihrer Kita.

Ihre
Andrea Przybilla und Dieter Rossmeissl

1 Wann ist ein Team ein Team? Merkmale und Funktionen eines Teams

Fünf Menschen stehen an der Bushaltestelle und warten auf den Bus. Sie bilden eine Gruppe. Sie haben ein gemeinsames Ziel: die Busabfahrt, vielleicht sogar dieselbe Endhaltestelle. Sind sie also ein Team? Nein.
Vier befreundete Erzieherinnen aus verschiedenen Kindertageseinrichtungen treffen sich jeden ersten Montag im Monat abends beim Italiener, um über ihre Probleme im Beruf zu reden und wie sie damit umgehen. Die vier Kolleginnen haben gemeinsame Ziele und Werte, sie kommunizieren regelmäßig zu gemeinsamen Themen miteinander, sie haben ein intensives „Wir-Gefühl" entwickelt, das sie verbindet. Ist das nun ein Team? Nein, dies hier ist kein Team.
In einem OP-Saal arbeiten eine Chirurgin, ein Anästhesist und zwei OP-Schwestern zusammen. Sind sie ein Team? Ja, aber warum? Was macht ein Team aus? Wann ist ein Team ein Team?

Warum ist eine Gruppe noch kein Team? Wenn wir uns klarmachen wollen, was ein Team leisten kann, wozu es denn sinnvoll ist, sollten wir erst festlegen, was ein Team **nicht** ist. Ein Team ist

- keine zufällige Ansammlung von Menschen, die nicht miteinander in Austausch treten,

- keine Arbeitsgruppe, die sich zeitlich begrenzt zusammentut, um ein aktuelles Problem zu lösen,
- kein privater Zirkel von Menschen, die sich mögen und verstehen, auch wenn sie über gemeinsame Aufgaben reden,
- keine Gruppe, in der jeder seine jeweiligen Aufgaben eigenverantwortlich und nach eigenen Regeln wahrnimmt.

In sozialen Einrichtungen und besonders in Kindertageseinrichtungen werden die pädagogischen Mitarbeiterinnen und Mitarbeiter allenthalben als „Team" bezeichnet. Oft gehören auch andere Personen, die in der Einrichtung arbeiten, zum Team, wie zum Beispiel die „Küchenfee". Armin Krenz (2002, S. 28) bemerkt dazu: „Es gibt in der Elementarpädagogik – ähnlich wie in anderen Einrichtungen – heutzutage kaum eine Arbeitsgruppe, die sich nicht als ‚Team' bezeichnet." Er definiert den Begriff dann folgendermaßen: „Zunächst ist ein Team eine Arbeits-/Leistungsgruppe, die zielorientiert tätigkeitsnotwendige Aufgaben in Angriff nimmt und in effektiver und effizienter Zusammenarbeit aktuelle Herausforderungen erkennt, aufgreift und konstruktiv löst/erledigt. Dabei steht – wie erwähnt – eine bedeutsame Arbeitsaufgabe für alle Mitarbeiter/innen im Mittelpunkt" (ebd.). Noch deutlicher definiert Knut Vollmer (2005, S. 167) ein Team als Gruppe von Personen, deren Fähigkeiten sich ergänzen, die gemeinsame Leistungsziele haben und sich für dieselbe Vision einsetzen, wobei sich alle Teammitglieder gegenseitig verantwortlich fühlen.

1.1 Merkmale, die ein Team ausmachen

In der Kindertageseinrichtung bezeichnen wir alle Mitarbeiterinnen und Mitarbeiter als Team, dazu gehört auch die Leitung. Dieses Team arbeitet zielorientiert an allen Arbeitstagen in der Einrichtung zusammen, um den Kindern und deren Familien die bestmögliche Erziehung, Bildung und Betreuung anzubieten. Situationsorientiert und tagesaktuell stellt sich diese Arbeitsgruppe den immer wieder neuen Herausforderungen und bietet trotzdem eine nachvollziehbare und transparente Zusammenarbeit für alle Außenstehende an. Die ständig neuen Anforderungen und veränderten Bedingungen können nur gemeinsam zufriedenstellend effektiv und effizient bewältigt werden. Dabei besteht in diesem Team trotz aller Kooperation und Partizipation eine Hierarchie. Führung und Leitung sind hier für das Gelingen der Teamarbeit unabdingbar. Anhand welcher Merkmale bestimmen wir also den Begriff Team in unserem Arbeitsfeld?

Von einem Team sollten wir dann sprechen, wenn mehrere Faktoren zusammenkommen (vgl. Pfreundner 2018, S. 16 ff.):

- gemeinsames zielorientiertes Arbeiten durch übereinstimmende Zielsetzungen, die klar definiert und verbindlich (am besten schriftlich) vereinbart sind
- eine gesicherte Struktur mit einer vereinbarten Verteilung von Aufgaben, die die Teamleitung ebenso umfasst wie die unterschiedlichen Qualifikationen, Kompetenzen und Interessen aller Teammitglieder (auch wenn diese Struktur im Lauf der Teamentwicklung durchaus veränderbar ist)
- explizit vereinbarte Rollen mit individuellen Funktionen, Kompetenzen und Aufgaben
- eine permanente und organisierte Kommunikation, die den Informationsfluss zwischen allen Teammitgliedern sichert und die auch Regeln für den Umgang mit Konflikten enthält
- Möglichkeiten für alle, sich an der Fortentwicklung des Teams zu beteiligen und so an einer lernenden Organisation aktiv mitzuwirken
- Verantwortung, die auf alle Teammitglieder verteilt ist und auch von allen als ihre Aufgabe empfunden wird
- eine grundsätzlich gemeinsame wertschätzende Haltung, die das Funktionieren der genannten Faktoren sichert
- Offenheit für individuelle Unterschiede und Veränderungen
- ein ausgeprägtes Wir-Gefühl, das die Gruppe längerfristig verbindet und zusammenhält

Schön, wenn auch nicht zwingend notwendig, wäre es, wenn zu all den genannten Merkmalen auch noch eine gewisse Sympathie hinzukäme, die Freude an der Teamarbeit ermöglicht und sichert. Die gelungene Beziehungsarbeit führt zu einem stabilen Wir-Gefühl. Dies wiederum ist eine gute Basis für das Erfüllen der objektiven Funktionen eines Teams.

1.2 Funktionen, die die Teamarbeit bestimmen

Die genannten Merkmale beinhalten gleichermaßen auch Funktionen, die die Teamarbeit bestimmen.

Die Funktionen eines Kita-Teams sind vor allem:

- Ziele und Methoden werden gemeinsam festgelegt.
- Gesetzte Ziele sollen möglichst gemeinsam erreicht werden.
- Die vorhandenen Aufgaben werden gerecht verteilt.
- Der Informationsfluss wird für alle gesichert.
- Die Verantwortung für alle Arbeitsprozesse wird gemeinsam getragen.
- Vorhandene Rollen und Beziehungen werden immer wieder neu reflektiert.
- Alle Kolleginnen und Kollegen werden mit ihren Stärken und Schwächen in die Gemeinschaft integriert.
- Wertschätzung und Toleranz werden im Alltag gelebt.
- Kritik und Kritikfähigkeit werden als professionelle Arbeitsinstrumente installiert.
- Die Weiterentwicklung wird für die Einzelnen und die gesamte Organisation angestrebt und mit Unterstützung des Trägers ermöglicht.

Teamarbeit ist nicht für alles die beste Lösung und kein Ersatz für Hierarchie. Sie ist eine kooperative Form, auch, um mit Hierarchie umzugehen. Ein Team ist zudem keine Struktur, hinter die man sich zurückziehen und vor Verantwortung drücken kann. Jedes Team ist nur so gut, wie sein schwächstes Glied. Aber das Team ist auch so stark, wie die Gemeinschaft aller Einzelnen und deren Verständnis von Team und Teamarbeit. Das Team ist genauso lebendig wie seine Teammitglieder.

1.3 Vorteile und Nachteile von Teamarbeit

Den zweifellosen Vorteilen von Teamarbeit stehen freilich auch Nachteile gegenüber:

Vorteile von Teamarbeit	Nachteile von Teamarbeit
Stetiger Informationsaustausch führt zu Transparenz in der Arbeit	Erhöhter Zeitaufwand durch die notwendige Vielzahl von Besprechungen
Wertschätzender Umgang möglichst aller mit allen	Gefühlter Gruppenzwang innerhalb des Teams kann Konflikte überdecken, ohne sie zu lösen
Motivation durch stärkendes Wir-Gefühl	Schwieriger Konsens über Werte, Haltungen und Regeln
Förderung von Kreativität und Innovation durch Anregungen aus und in der Gruppe	Manche neuen Ideen und Vorhaben stoßen auf Widerstand einzelner Teammitglieder
Größere Arbeitszufriedenheit durch Partizipation an einer Gesamtaufgabe	Unzufriedenheit Einzelner, die sich ausgeschlossen fühlen

Diese Nachteile sind jedoch beherrschbar, wenn ein Team sich mit seinen eigenen Prozessen auseinandersetzt – nicht nur in der Phase der anfänglichen Teambildung, sondern als Daueraufgabe der Teamentwicklung.

1.4 Phasen der Teambildung

Ein Team hat keine festgezurrte Statik, sondern ist veränderbar, genauso wie jeder Teamentwicklungsprozess. Die bekannteste und bis heute noch oft zitierte Abfolge einer Teambildung hat Bruce Tuckman im Jahr 1965 mit seiner vierphasigen **„Team-Uhr“** entwickelt (vgl. Hohmann 2018):

1. Forming: Am Anfang steht das oft noch zögerliche Aufeinandertreffen Fremder, die nun ein Team bilden wollen (oder sollen). Diese Phase ist geprägt von gegenseitigem Abtasten, von vorsichtiger Höflichkeit und anfänglicher Unpersönlichkeit. Die Gespräche bleiben eher oberflächlich. Da gemeinsame Ziele meist noch fehlen oder jedenfalls nicht fest vereinbart sind, stützt sich die Kontaktfindung zumeist auf äußere Umstände wie die Zusammenarbeit im selben Raum.

2. Storming: Die nächste Phase ist die Konfrontationsphase, in der bei der Rollensuche auch Rivalitäten entstehen. Die Kompetenzen der jeweils anderen und die dem Team gestellten Aufgaben werden kritisch hinterfragt. Es können sich Subgruppen („Cliquen“) bilden, die gegeneinander agieren, eventuell auch intrigieren. Es gilt, Beziehungen zu

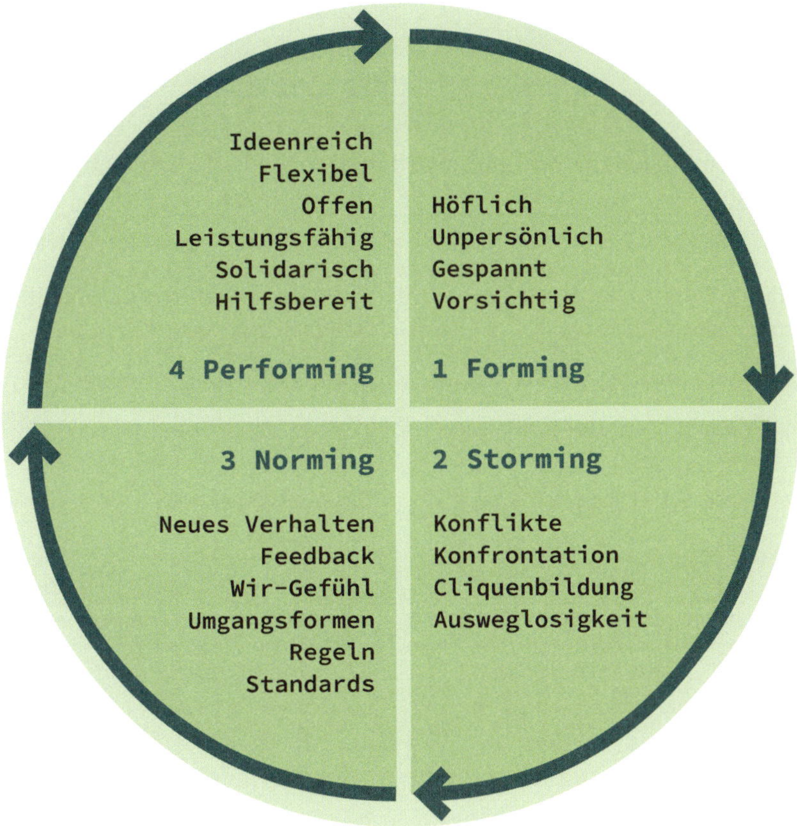

klären und die Balance von Nähe und Distanz auszuloten. Die Kommunikation ist noch verhalten. Jeder versucht, erst mal seine eigene Rolle im Team zu finden und Machtbereiche abzustecken, was auch zu Konflikten führt. Das Team stellt sich selbst infrage. In dieser Phase kommt der Teamleitung eine besondere Bedeutung zu, um das Team „bei der Stange" zu halten und die Bedeutung des (gemeinsamen) Ziels aufzuzeigen.

3. Norming: Das ist die Orientierungsphase, in der das Team eigene Umgangsformen entwickelt, seine interne Kommunikation formalisiert und stabilisiert. Normen, Regeln (und vielleicht auch Rituale) für den Umgang miteinander werden entwickelt. Bewährtes aus der Storming-Phase wird als Regel etabliert. In dieser Phase bildet sich ein Wir-Gefühl aus, das das Team künftig prägt, zusammenhält und – in Abgrenzung zu anderen Kita-Teams – motiviert. Das Bedürfnis nach Gemeinsamkeit und Stabilisierung wird spürbar. Die Teamleitung kann nun etwas zurücktreten und sich auf die Strukturförderung und die Zielorientierung konzentrieren.

4. Performing: Hier geht die Teambildung in eine kontinuierliche Arbeitsphase über. Das Team hat zusammengefunden, die Stabilität der Arbeitsabläufe ist gesichert und das ganze Team arbeitet selbstmotiviert, ideenreich und kreativ. Es ist nach innen solidarisch und kann sich auf der Basis seiner gesicherten Binnenstruktur Offenheit und Flexibilität nach außen leisten. Mit der Partizipation aller Teammitglieder kann es sich als eine langfristig lebens- und handlungsfähige lernende Organisation bewähren.

In diesen vier Teamentwicklungsphasen werden die Interaktionen im Team sichtbar. Teamorientierte Maßnahmen ermöglichen das aktive Gestalten dieser Phasen. Interaktionsmuster müssen dazu analysiert und Wege zur Veränderung aufgezeigt werden. Diese Aufgabe obliegt oft der Leitung, doch kann jedes Teammitglied dazu beitragen und konkrete Anregungen und Impulse ins Team einbringen, um die gemeinsame Entwicklung voranzubringen. Die Motivation aller, sich an der Teamfindung zu beteiligen und die Weiterentwicklung als Daueraufgabe anzunehmen, ist dazu Voraussetzung.

Teamfindungsprozesse werden immer bedeutender. Alle Teammitglieder brauchen hierzu Wertschätzung – auch von außen – für diese nicht unbedingt leichte Aufgabe. Nur ein motiviertes Team wird gute pädagogische Arbeit leisten und Freude daran haben, den gesellschaftlichen Auftrag der Betreuung, Bildung und Erziehung von Kindern zu erfüllen. Der Trägervertreter und die Eltern sollten mit ins Boot geholt werden, um die notwendige Unterstützung zu geben und Verständnis für diese Herausforderung zu zeigen.

1.5 Teambildung als Herausforderung

Viele Teams werden zufällig gebildet und die Mitglieder auch nicht gefragt, ob sie zusammenarbeiten wollen. Der Träger hat zunächst das Interesse, ein Team mit genügend Fachkräften zusammenzustellen, um die gesetzlichen Vorgaben zu erfüllen und die finanzielle Förderung der öffentlichen Hand zu bekommen. Nicht immer wird die Einrichtungsleitung bei Neueinstellung oder internen Stellenbesetzungen hinzugezogen, das gesamte Team wird selten beteiligt. Der Fachkräftemangel macht es heutzutage schwer, aus genügend Interessenten ein passendes Teammitglied auszuwählen. Das hat zur Folge, dass alle Kolleginnen und Kollegen nun in der Praxiseinrichtung vor der Aufgabe stehen, ein funktionierendes Team zu bilden, und die Leitung muss die Weichen dafür stellen.

Das ist im Interesse aller Akteure, und für die notwendigen Rahmenbedingungen zum Gelingen muss gesorgt sein. Das können zum Beispiel gemeinsame Teambesprechungen während der wöchentlichen Dienstzeit sein, aber auch ganze Klausurtage, an denen die Einrichtung für die Familien geschlossen ist. Genauso entwicklungs- und qualitätsfördernd sind Fortbildungen für das gesamte Team und externe Experten, die in das Team kommen und Teamcoaching oder Supervision anbieten. Listen Sie doch für Ihren Träger auf, welche Rahmenbedingungen Sie in Ihrer Praxiseinrichtung für die vielfältigen Teamaufgaben brauchen.

> **„Zusammenkommen ist ein Anfang.
> Zusammenbleiben ist ein Fortschritt.
> Zusammenarbeiten ist ein Erfolg.“**
> **Henry Ford**

Von einem Team sprechen wir, wenn Merkmale wie gemeinsames, zielorientiertes Arbeiten und Funktionen wie Verantwortungsübernahme für die Arbeitsprozesse bei allen Kolleginnen und Kollegen vorhanden sind. Das gilt auch für ein erfolgreiches Team in der Kindertageseinrichtung. Teambildung und damit Teamentwicklung sind Prozesse, die immer Veränderungen mit sich bringen. Die vier Teamentwicklungsphasen sollten dabei besondere Beachtung erfahren, um aktiv die Prozesse gemeinsam steuern zu können. Alle Teammitglieder stehen hier in der Verantwortung.

Reflexion zu gemeinsamen Zielen im Team

1. Welche gemeinsamen Ziele haben wir in unserer Kita, die von allen geteilt werden?
2. Sind diese Ziele im Konzept unserer Einrichtung klar formuliert und mit allen Teammitgliedern (und dem Träger) abgestimmt?
3. Sind diese Ziele transparent und zum Beispiel auch für die Eltern erkennbar?
4. Wann und wie erfahren neue Kolleginnen und Kollegen von unseren gemeinsamen Zielen?
5. Haben wir einheitliche, explizit vereinbarte Werte, die unseren Zielen zugrunde liegen?
6. Welche Regeln zur Zielerreichung gelten für unser Team? Wer stellt diese Regeln auf? Sind sie veränderbar (und wie)?
7. Haben wir Konflikte, die sich durch Abweichung von diesen Zielen bzw. Werten ergeben? Warum gibt es solche Abweichungen?
8. Verfolgen wir diese Ziele in unserem Alltag? Woran kann man dies erkennen?
9. Ist die Erfüllung unserer Ziele messbar? Wenn nicht: Wer bewertet, ob sie erreicht werden?
10. Sollten wir uns in unserem Team mal wieder mit unseren Zielen und deren Umsetzung beschäftigen? Wenn ja, wie sollte dieses Vorhaben umgesetzt werden?

Vervollständigen Sie die folgenden Satzanfänge:

Unser Team erkennt man gleich an ....

....

Wir sind eine Gemeinschaft, weil ....

....

Wir verfolgen als gemeinsame Ziele besonders ....

....

Wir sind gemeinsam erfolgreich, zum Beispiel bei folgenden Aufgaben: ....

....

....

Unser Team wird geschwächt durch ....

....

Unser Team braucht zur Stärkung ....

....

Unser Team hat auch Visionen, und zwar ....

....

1.6 Übungen zur Stärkung des Wir-Gefühls

Setzen Sie sich damit auseinander, was Sie im Team miteinander verbindet. Jeder Einzelne macht sich Gedanken darüber. Jedes Teammitglied entscheidet selbst, was es den anderen von seinen Überlegungen mitteilen möchte. Alle dürfen nachfragen oder dazu Stellung nehmen, wobei das einzelne Teammitglied wieder selbst über seine Antworten entscheidet.

KREATIVE METHODEN

Biografiearbeit: Wir waren alle mal ein Kind

Sie beschäftigen sich heute im Team mit Ihrer Kindheit. Jedes Teammitglied gestaltet als Bild eigene Erlebnisse aus seiner Kindheit. Dazu gehen Sie in den Kreativraum und nutzen die Dinge, die sonst den Kindern zur Verfügung stehen: verschiedenes Papier, Stifte, Kreiden und Farben, Kleber, Wolle, Fäden, Schnüre, Filz und andere Stoffe, Perlen und Glitzer, Blüten, Kastanien, Eicheln und anderes Naturmaterial …

Fragen und Impulse zur Bildgestaltung

- Was habe ich als Kind besonders gerne gespielt?
- Welcher Ort zum Spielen war für mich interessant?
- Welche Freunde hatte ich zum Spielen?
- Welche Fachkraft im Kindergarten hat mit mir gespielt?
- Was habe ich als Kind einmal angestellt?
- Welches Erlebnis mit meinen Eltern war besonders schön?

Wenn Sie sich auf diesen Prozess einlassen, profitieren Sie als Gemeinschaft. Sie lernen neue Seiten Ihrer Kolleginnen und Kollegen kennen. Und Sie lernen, sich gegenseitig besser einzuschätzen und damit zu schätzen!

KREATIVE METHODEN

Achtsamkeit: gute Gefühle für uns alle

Überlegen Sie, was Ihnen an Ihrer Arbeit gefällt. Heute geht es einmal nicht darum, was alles zu verbessern wäre und was stört, sondern nun achten Sie auf Begebenheiten in der Arbeit, die positive Gefühle in Ihnen wecken.

Als Material brauchen Sie viele Kärtchen und Stifte für jeden Beteiligten. Auf jedes Kärtchen kommen ein Begriff oder maximal drei Worte.

Jedes Teammitglied überlegt sich Begriffe als Antwort auf folgende Fragen:

- Was war heute besonders schön bei meiner Arbeit?
- Welches positive Ereignis habe ich heute mit meinen Kolleginnen und Kollegen erlebt?
- Welche Anregungen konnte ich heute im Team erhalten?
- Wann habe ich mich heute besonders sicher gefühlt?
- Was ist das Beeindruckende an „unseren Kindern“?
- Über welche Bemerkung von Eltern habe ich mich gefreut?
- Was tut mir in unserem Team gut?

Alle sammeln die Antworten erst einmal für sich und heften die Kärtchen mit den Begriffen dann an eine Pinnwand oder legen die Kärtchen gemeinsam auf dem Boden aus. Wer alle Begriffe abgelegt hat, steht auf und liest für sich die Ergebnisse.

Gemeinsam können Sie die Kärtchen clustern und schauen, ob Gemeinsamkeiten bei den Begriffen entdeckt werden. Die positiven Gefühle werden jetzt benannt und als Oberbegriffe zugeordnet.

Anschließend gehen Sie in den Austausch darüber und erfahren, welche Gefühle dabei bei den Beteiligten entstehen. Wenn diese Übung in einer vertrauensvollen Atmosphäre stattfindet, kann sich große Offenheit entwickeln. Das Team kann nur gewinnen!

Umwelterkundung: Eindrücke von außen

Heute geht es raus aus dem Haus! Nutzen Sie Ihre Team-Zeit einmal anders, spazieren Sie gemeinsam durch das Viertel Ihrer Einrichtung und (be-)achten Sie die nahe Umgebung. Jedes Teammitglied nimmt Block und Stift mit und macht sich Notizen.

Dabei stellen Sie sich einzeln folgende Fragen:

- Was fällt mir auf?
- Was gefällt mir gut?
- Was ist besonders eindrucksvoll?
- Was ist für „unsere Kinder“ spannend?
- Was sagt dies über die Lebensumwelt der Familien aus?
- Welche pädagogischen Aufträge erkenne ich hier für meine Arbeit?
- Wie setze ich meine Eindrücke in meiner pädagogischen Arbeit um?

Zurück in der Einrichtung tauschen Sie sich über Ihre Eindrücke aus. **Sie überlegen gemeinsam:**

- Können wir zusammen daraus Schlüsse ziehen?
- Welche Ziele können wir hieraus gemeinsam festlegen?
- Wie wollen wir gemeinsam damit weiterarbeiten?
- Wie sieht die konkrete Umsetzung aus?

Sie halten Ihre Resultate fest und bestimmen Ihr weiteres Vorgehen. **Als Team setzen Sie die Ergebnisse im pädagogischen Alltag um:**

- Wir entwickeln ein pädagogisches Projekt für die Kinder (z. B. „Um den Kindergarten herum gibt es viel zu erleben“).
- Zwei pädagogische Aktivitäten gestalten wir mit den Kindern in der nahen Umgebung (z. B. „Hier gibt es ganz verschiedene Häuser“, „Hier wohne ich und wo wohnst du?“).
- In diesem Monat beginnen wir den Morgenkreis mit einem Objekt aus der Umgebung (z. B. „Diesen Stein habe ich heute auf dem Weg in den Kindergarten gefunden – er erzählt uns seine Geschichte“, „Heute hat es draußen geregnet, da habe ich meinen Regenschirm gebraucht, um ... was glaubt ihr, weshalb ich den Schirm gebraucht habe?“, „Ich habe heute verschiedene Vögel in unserem Garten gesehen – was könnten das für Vögel gewesen sein?“).

- Wir erkunden mit den Kindern weiter unsere Umgebung (z. B. „Wir gehen öfters in den Park“, „Wir nutzen die Umgebung zur Verkehrserziehung“).
- Wir suchen Kooperationspartner in der näheren Umgebung (z. B. „Die Bäckerei um die Ecke“, „Der Bauernhof in der Nähe“, „Der Buchladen gegenüber“).

KREATIVE METHODEN

Ziele und Regeln: Was uns wichtig ist

Als Material benötigen Sie: Moderationskarten in zwei Farben (z. B. gelb und grün), Stifte, zwei Flipchartbögen, Klebepunkte. Jedes Teammitglied erhält drei gelbe Karten zur Zielfindung und drei grüne Karten für die Regelentscheidungen. Die Klebepunkte werden in der Mitte ausgelegt.

Gemeinsame Ziele finden

1. Auf jede der drei gelben Karten wird ein Ziel geschrieben, das im Team unbedingt erreicht werden sollte.
2. Die Karten werden auf einem Flipchartbogen angebracht.
3. Zuerst werden alle Ziele gemeinsam betrachtet und nach Übereinstimmungen sortiert.
4. Die Ergebnisse werden im Team diskutiert, und jeder gewichtet mit zwei Klebepunkten die Ziele, die ihm besonders wichtig sind.
5. Variante: Jedes Teammitglied bekommt einen Punkt, den es einem anderen Ziel (nicht dem eigenen!) geben darf.
6. Die meist „bepunkteten“ beiden Ziele werden festgelegt.

Gemeinsame Regeln festlegen

1. Auf die drei grünen Karten wird je eine Regel geschrieben, die als wichtig und verbindlich im Team angesehen werden sollte.
2. Die beschrifteten Kärtchen werden auf einen neuen Flipchartbogen geklebt.
3. Jetzt wird nach Übereinstimmungen gesucht, gleiche oder ähnliche Regeln werden in einem gemeinsamen Satz zusammengefasst.
4. Jeder bekommt drei Klebepunkte und ordnet diese den favorisierten Regeln zu. Ein Regelsatz kann von einem Teammitglied mit einem, mit zwei oder drei Punkten gewichtet werden.
5. Die Regeln werden nun hierarchisch sortiert. Die ersten fünf Sätze werden als Regelkatalog festgelegt.

Spätestens am Jahresende werden die Ziele und Regeln gemeinsam überprüft.

Unsere Ziele: Auseinandersetzung mit der Einrichtungskonzeption

Die Konzeptionserstellung liegt oft schon einige Zeit zurück. Es lohnt sich daher, die Konzeption immer mal wieder gemeinsam anzuschauen und weiterzuentwickeln. Die intensive Auseinandersetzung mit den Zielfestschreibungen nützt dem Team auf verschiedenen Ebenen:

- Die Aktualität der festgeschriebenen Ziele wird begutachtet (Evaluation).
- Die Ziele werden auf ihre Berechtigung hin überprüft (Praxisbezug).
- Die Konzeption wird fortgeschrieben (Weiterentwicklung).
- Wir lernen einander besser kennen (Empathie).
- Ich erfahre eine neue Sicht, die ich mit meiner vergleiche und daraus ein neues Bild erhalte (Ko-Konstruktion).
- Ich bekomme für meine Fachlichkeit Impulse (neues Wissen).
- Ich bekomme Bestätigung (Stärken stärken).
- Wir erfahren, wie wir gut zusammenarbeiten können (Ressourcennutzung).
- Und noch vieles mehr, das das Wir-Gefühl stärkt!

So gehen Sie vor:

Suchen Sie vorhandene Ziele aus Ihrer Konzeption heraus, die im Team erläutert werden sollen, wie zum Beispiel „Selbstständigkeit" oder „Familienfreundlichkeit". In vielen Konzeptionen stehen diese Begriffe als Zielsetzungen oder als Versprechung, dass sich daran die Arbeit aller Fachkräfte ausrichtet. Jetzt setzen Sie sich im Team mit diesen richtungsweisenden Begriffen auseinander. Wichtig dabei: Ein Ziel pro Teamsitzung reicht aus, sonst gibt es keine klare Verständigung, sondern es entsteht eher eine Vermischung der Gedanken.

Jedes Teammitglied definiert den gewählten Begriff zunächst für sich und überlegt, was das Ziel konkret bedeutet. Zum Beispiel: „Selbstständigkeit bedeutet für mich, dass die Kinder ohne Hilfe der Erwachsenen alles wieder aufräumen." „…, dass die Kinder sich alleine anziehen können." „…, dass wir Erwachsenen den Kindern Feiräume geben, um sich ausprobieren zu können." „…, dass wir die Kinder viel entscheiden lassen."

Die Zieldefinitionen werden nun miteinander verglichen. Versuchen Sie, eine gemeinsame Definition zu finden. Sollte dies nicht gelingen, dann stehen Sie ehrlich dazu und nehmen Sie die unterschiedichen Bedeutungen als gemeinsames Teamwissen an. Legen Sie aber Wert darauf, dass Sie die Aktualität und die praktische Umsetzung gemeinsam bestimmen. Als Teamgewinn steht nun die Gewissheit, dass jede und jeder ihr/sein Verständnis eines Zielbegriffes offenbart hat und eine gemeinsame Weiterentwicklung stattfindet.

KREATIVE METHODEN

Elternplakat: Wir sind ein Team

Bringen Sie Transparenz in die Herausforderungen Ihrer Arbeit. Gestalten Sie eine Information für die Eltern, die Ihre gemeinsame Arbeit im Team visualisiert:

1. Entwerfen Sie ein Plakat, mit dem Sie den Eltern ihrer Kita die Grundsätze Ihrer Arbeit vorstellen.
2. Betrachten Sie das folgende Beispiel einer Eltern-Info, das zum Aushang in der Kita vorgesehen ist. Diskutieren Sie, ob Sie das Plakat für geeignet halten, was Sie daran positiv finden, was weniger geeignet ist, und begründen Sie Ihre Einschätzung.

Liebe Eltern,

wir alle wollen nur das Beste für Ihre Kinder. Deshalb ist uns eine gute Zusammenarbeit im Kita-Team wichtig:

Wir als Team …

… haben gemeinsame Werte und Ziele

… geben uns gegenseitig Zeit und Wertschätzung

… haben alle Freude an der Arbeit

… wollen alle gemeinsam immer besser werden

… wollen alle für Ihre Kinder da sein

… wolllen für Sie und Ihre Anliegen ansprechbar sein

… unterstützen uns gegenseitig bei der Arbeit

…tragen alle unser Wissen und unsere Ideen zusammen

Bitte unterstützen Sie uns dabei!

2 Wir sind alle Individualisten! Diversität im Team

Gleich und gleich gesellt sich gern. Wenn ein Orchester gute Cellisten hat, ist es sinnvoll, sie in der Musikergruppe zu halten. Aber es wäre sinnlos, nun alle Orchesterpositionen mit Celli zu besetzen. Die Gemeinsamkeit des Orchesters entsteht aus der Differenziertheit seiner Elemente. Nur unter dieser Bedingung kann ein vielschichtiges Klangbild entstehen – und nur so klingt es gut.

Wenn ich mich mit Menschen umgebe, die zumindest grundsätzlich meiner Meinung zu sein scheinen, die Dinge ähnlich sehen wie ich, dann verspricht das eine angenehme Kooperation mit wenig Gefahr für Konflikte. Als Teamprinzip beruht diese Meinung allerdings auf einem Irrtum, schadet der notwendigen Flexibilität und geht zudem an der Realität eines Kita-Teams vorbei. Wenn alle dieselben Fähigkeiten einbringen, dieselben Meinungen vertreten, ist das Team nicht in der Lage, auf unterschiedliche Aufgaben und Menschen angemessen zu reagieren. Erst individuell unterschiedliche Teammitglieder können sich in ihren Kompetenzen ergänzen und damit das Spektrum des Teams erweitern. Diversität ist deshalb kein abstraktes Ziel, sondern Bedingung sinnvoller und ergebnisorientierter Arbeit in einer diversen Gesellschaft.

Ein Team muss auf Veränderungen reagieren können. Das geschieht am besten, wenn sich die notwendigen Veränderungen durch eine andere Gewichtung der Kompetenzen im Team realisieren lassen. In einem Aufsatz über agiles Management weisen Johanna Nolte und Franziska Schubert-Suffrian (2021, S. 17) darauf hin, wie wichtig es ist, dass

„Veränderungsnotwendigkeiten schon in die grundsätzliche Haltung und Herangehensweise eingebaut" werden. Sie sprechen von „Neuausrichtungsschleifen" mit allen Beteiligten, die erforderlich sind, um „die Veränderungsbedarfe besser berücksichtigen" zu können (ebd.). Differenzierte Individualität, Diversität also, wird so zur Voraussetzung für die anhaltende Funktionsfähigkeit des Teams unter den Bedingungen des Wandels – sowohl der Gesellschaft als auch der Einrichtung.

2.1 Verschiedenheit und Vielfalt als Chance im Team

Die Erkenntnis, dass heterogene Teams flexibler und damit langfristig auch effizienter sind, ist nicht neu. Dazu gehört das Ziel, mehr Männer in den „typischen Frauenberuf" der Erzieherin zu bringen („Mehr Männer in Kitas" als Slogan des Bundes seit 2011). Dabei haben Studien aus dem Bereich der Wirtschaft längst aufgezeigt, dass das Aufbrechen stereotyper Geschlechternormen nicht nur mehr Freiheit und Entwicklungsmöglichkeiten für den Einzelnen öffnet, sondern auch relevant ist für den Erfolg eines Teams. Das Institut für Weltwirtschaft hat in einer Studie herausgefunden, dass die Risikobereitschaft in einem Team mit steigendem Frauenanteil sinkt. Im Gegensatz dazu führt ein höherer Männeranteil zu besonders riskanten Entscheidungen (Friedmann 2021). Laut dieser Studie wirken sich allerdings die Unterschiede in gemischten Gruppen positiv aufeinander aus, sodass diverse Teams klügere und erfolgreichere Entscheidungen treffen als homogene.

Diversität bezieht sich aber nicht nur auf die sichtbaren Komponenten wie Geschlecht, Alter, Hautfarbe, Herkunft oder Behinderung. Wesentlich wirkungsvoller sind die kognitiven Präferenzen: Bin ich eher introvertiert oder extrovertiert? Gehe ich lieber ins Detail oder bin ich der „Big Picture Typ"? Verlasse ich mich mehr auf Zahlen und Fakten oder vertraue ich lieber meiner Intuition?

„Es geht dabei nicht um gut oder schlecht, sondern einfach nur um andersartig", meint die Personalmanagerin Stefanie Peters (2019). „Zwar hat man", so schränkt sie ein, „am Anfang einen höheren Aufwand, weil man sich verschiedene Meinungen anhören muss. [...] Aber der Aufwand zahlt sich aus, weil man am Ende deutlich effektiver ist. Weil man schon im Vorfeld Dinge sieht, an die man in einem sehr homogenen Team nicht gedacht hätte." Ihr Resümee: „Mit vielfältigen Teams werden langfristig bessere Entscheidungen gefällt, auch wenn sie ein bisschen länger dauern."

Zunächst kommt es darauf an, Individualität bewusst zuzulassen, jedem Teammitglied somit eine „eigene Stimme" zu geben. Das gilt für die Leisen, Introvertierten, die man aktiv in das Team einbezieht, ebenso wie für die Lauten, Dominanten, die auch ihren Platz bekommen. Dabei kann die Entwicklung einer wertschätzenden Teamkultur nicht angeordnet werden, diese findet als gemeinsamer Prozess statt.

Hilfreich ist dabei die Auseinandersetzung mit folgenden Fragen:

- Was denken die Mitglieder des Teams über ihre gemeinsame Arbeit?
- Wie sehen sie ihre eigene Rolle innerhalb des Teams?
- Welche Erwartungen haben sie an die anderen Teammitglieder?
- Was denken die einzelnen Teammitglieder über ihre Kolleginnen und Kollegen?

Gerade beim letzten Punkt ist es wichtig, daraus weder ein Forum öffentlicher Vorwürfe werden zu lassen noch einen bloßen Austausch pseudo-freundlicher Belanglosigkeiten. Während das eine gerade in der Startphase eines Teams nur die Reduktion auf Vorurteile wäre und damit Gräben aufreißt, anstatt sie zu überbrücken, wäre das andere nichts als eine Täuschung. Die aber ist keine tragfähige Grundlage für ein Team. „Jede Kriegsführung gründet auf Täuschung", stellte der chinesische General Sunzi schon im 4. vorchristlichen Jahrhundert fest (Sunzi 1999, S. 24). Was für die Kriegsführung zutrifft, ist für das Team aber zerstörerisch. Die Kultur des Teams wird vielmehr von gegenseitiger Wertschätzung – gerade der Unterschiede! – und funktionaler Transparenz geprägt.

Individualität und Gemeinsamkeit sind kein Widerspruch. Sie machen Diversität erst möglich, weil sie ihr eine gemeinsame Basis schaffen. Diese Basis ist jedoch nicht einfach vorhanden, sondern muss als wesentlicher Teil der Teambildung erst entwickelt werden. Dieser Prozess ist holprig und kann am Anfang etliche Monate dauern.

2.2 Multiprofessionalität als Antwort auf Veränderung

Auch der zunehmende Trend zu multiprofessionellen Teams stellt eine Herausforderung dar. Freilich sollte immer ein Team gut ausgebildeter pädagogischer Fachkräfte den personalen Kern einer Kita bilden. Dazu gehören neben den staatlich anerkannten Erzieherinnen und Erziehern, die rund drei Viertel aller Kita-Fachkräfte ausmachen, auch hoch qualifizierte Sozial- und Kindheitspädagogen sowie als Ergänzung Sozialassistenten und Kinderpflegerinnen, Heilpädagoginnen und therapeutische Fachkräfte (wie Ergotherapeuten und Logopäden). In rund 75 Prozent der Kitas arbeiten schon seit Jahren pädagogische Fachkräfte mit Zusatzqualifikationen, primär im Bereich der Sprachförderung und der Integration (Preissing 2018).

Spannend wird die Entwicklung von Multiprofessionalität, wenn man einen erweiterten Begriff zugrunde legt, der auch nicht-pädagogische Qualifikationen einbezieht. Der Förster oder Biologe, der Handwerker oder Musiker kann den Kindern Erfahrungen erschließen, für die im häuslichen Umfeld angesichts der zeitlichen Zunahme eines pädagogisierten Umfelds kein Raum mehr besteht. Allerdings brauchen pädagogische Teams für die temporäre Integration externer Fachkräfte eine klare pädagogische Grundhaltung, einen respektvollen Umgang miteinander und die Bereitschaft, diese Haltung auch anderen zu vermitteln. Eine externe Fachberatung kann dabei hilfreich sein (ebd.).

Eine Studie in Baden-Württemberg von 2016 hat gezeigt, dass multiprofessionelle Teams darüber hinaus nötig sind, um die zunehmenden und unterschiedlichen Aufgaben der Kitas bewältigen zu können. „Multiprofessionalität ist eine große Chance für die Kitas, sie ist aber kein Selbstläufer, sondern erfordert gute Personalentwicklungskonzepte und große Veränderungsbereitschaft der Kita und des Trägers", stellte die damalige Staatssekretärin im baden-württembergischen Kultus- und Jugendministerium Marion von Wartenberg, selbst Erzieherin und Ergotherapeutin, bei der Vorstellung der Studie fest und prophezeite: „Kitas werden sich zu Kinder- und Familienzentren entwickeln, Inklusion wird eine stärkere Rolle spielen, die Integration von Flüchtlingskindern eine größere Aufgabe werden. Die Zukunft sehe ich in einem guten Personalmix in der Kita" (Presseinfo KuMi BW 2016).

Eine besondere Rolle spielt gerade in der aktuellen Situation die Herkunft der Teammitglieder. Für viele Kinder, die zum Beispiel aus Kriegsgebieten fliehen mussten, sind Integration und Inklusion – als Ziele der Kita – große Herausforderungen, die nicht selten zum Konflikt werden. Für die Integration in die Aufnahmegesellschaft ist das Erlernen der deutschen Sprache unabdingbare Voraussetzung. Zugleich ist schon im Kindergartenalter die anhaltende Vertrautheit mit Sprache und Ritualen des Herkunftslandes ein wesentliches Stück der Geborgenheit und Folge des Inklusionsgedankens (Rossmeissl 2016, S. 95). Dabei sind pädagogische Kräfte aus den Herkunftsländern dieser Kinder mit ihrer Sprachkompetenz eine große Hilfe.

Der Fachkräftemangel hat hier viele Türen geöffnet, um interessierten Menschen die Qualifikation für die Arbeit in der Kita in kürzester Zeit niedrigschwellig zu ermöglichen. Trotz allem sollte die Qualität der Ausbildung dabei nicht verloren gehen.

**„Wenn wir zuhören und feiern,
was gemeinsam ist und anders ist,
werden wir eine klügere,
integrativere und bessere Organisation."**
Pat Wadors

Der Umgang der Teammitglieder miteinander ist das Kernstück jeder Teamkultur. Teamarbeit bedeutet für alle Geben und Nehmen. Und für alle gilt: Jeder ist anders und einzigartig und damit ein wichtiger Teil der Team-Gemeinschaft. Multiprofessionelle Teams bringen auch eine Vielfalt an beruflichen Kompetenzen in die Kita und können eine Antwort auf die Veränderungen der Aufgaben und Anforderungen sein.

Reflexion zur Wertschätzung im Team

- Was schätze ich an meinen Kolleginnen und Kollegen?
- Was erwarte ich von den anderen Mitgliedern unseres Teams?
- Welche Arbeitsergebnisse sind gerade durch die Unterschiede in unserem Team entstanden?
- Welche besonderen Kompetenzen bringe ich in das Team ein?
- Welche für unsere Arbeit sinnvollen Kompetenzen sind bei mir wenig vorhanden?
- Wer könnte dieses Defizit ausgleichen? Und wie?
- Welches Wissen meiner unterschiedlichen Kolleginnen und Kollegen bringt positive Impulse in unsere Arbeit?
- Wo ergänzen wir uns gegenseitig im Team?
- Welche Stärken finden sich in unserem Team?
- Welche unterschiedlichen Herangehensweisen in herausfordernden Situationen erkenne ich im Team?

Vervollständigen Sie die folgenden Satzanfänge:

Die Unterschiede in unserem Team sind eine Bereicherung, weil ....

....

Die pädagogische Arbeit macht Diversität besonders deutlich, indem ....

....

»

Ich unterstütze meine Kolleginnen und Kollegen durch ....

....

Unterstützung durch andere erfahre ich im Team durch..................................

....

Ich sorge für gute Stimmung im Team, indem ....

....

Ich bin gerne in unserem Team, weil ....

....

Ich engagiere mich im Team, indem ....

....

2.3 Übungen zur gemeinsamen Erfahrung der Diversität im Team

Seien Sie neugierig auf neue Sichtweisen. Freuen Sie sich auf unterschiedliche Ergebnisse. Die Unterschiede im Team sollen positiv erlebbar werden. Gehen Sie wertschätzend mit den Ergebnissen um.

KREATIVE METHODEN

Subjektive Theorien: die andere Sichtweise kennenlernen

1. Wählen Sie für die nächste Teamsitzung einen wichtigen Begriff aus Ihrer pädagogischen Arbeit, zum Beipiel „Partizipation“, „Nachhaltigkeit“ oder „Sprachförderung“.

2. Jedes Teammitglied erhält ein Kärtchen, auf dem dieser Begriff steht, und klebt dieses in die Mitte eines großen Plakates oder Flipchartbogens.
3. Jetzt gestaltet jedes Teammitglied seine eigene Mindmap.

Unterschiedliche Äste können sein:

- Was verstehe ich allgemein unter dem Begriff „Partizipation"?
- Was verstehe ich unter Partizipation für die pädagogische Arbeit mit den Kindern?
- Wie zeigt sich das in unserem Alltag? Wo könnte ich noch mehr tun?

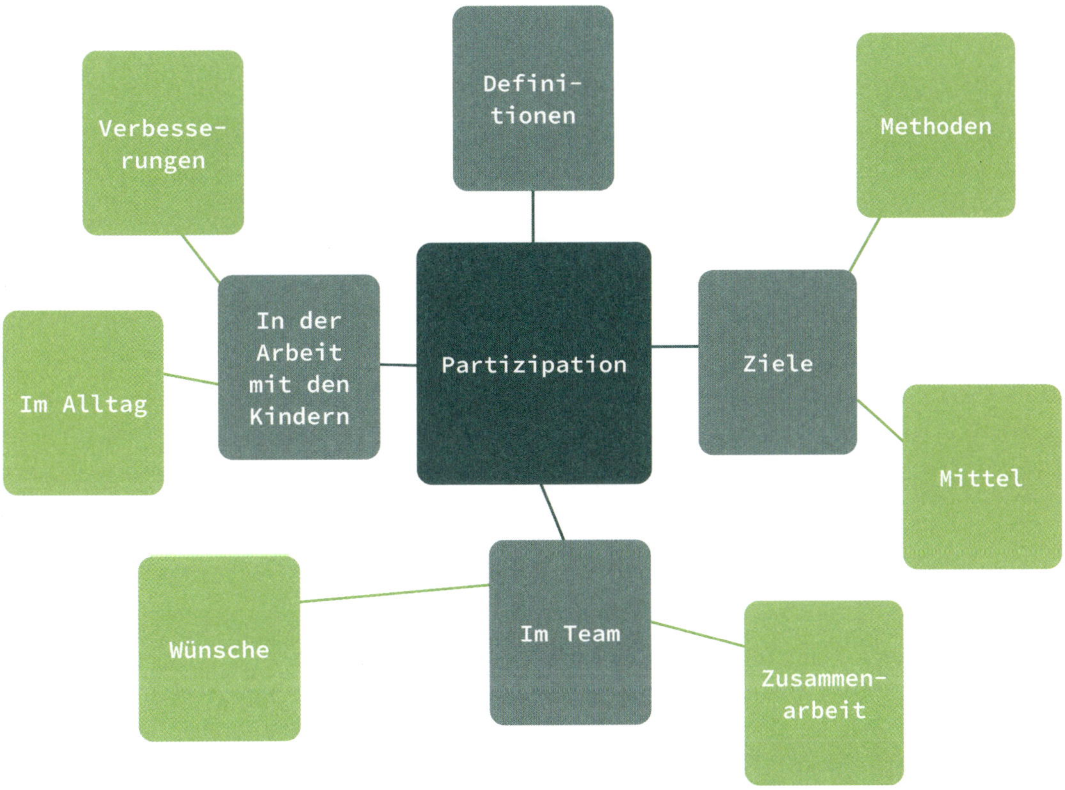

1. Jedes Teammitglied hängt sein Ergebnis auf und stellt es den anderen vor.
2. Anschließend wird eine intensive Diskussion genützt, um die subjektiven Theorien der Einzelnen für alle transparent zu machen.
3. Was bedeutet der Begriff für die Zusammenarbeit in unserem Team und im Miteinander der Teammitglieder?
4. Gibt es unterschiedliche Ziele und Medthoden im Team zur Förderung der Partizipation?
5. Die Unterschiede werden gesammelt. Bereichernde Unterschiede werden auf einem Blatt notiert und im Personalraum aufgehängt.
6. Unterschiede, die zu Konflikten führen oder führen können, werden extra notiert und in einer weiteren Teamsitzung bearbeitet.

KREATIVE METHODEN

Ko-Konstruktion: Collage meines Selbst

Jedes Teammitglied gestaltet eine Collage zur eigenen Person und stellt diese im Team vor. „Ich zeige mich" ist dabei die Devise. Natürlich zeigt man nur das, was man möchte. Stelle ich nur Äußerlichkeiten dar oder auch meine Erfahrungen, meine Werte, meine Wünsche, meine Träume? Alles ist möglich. Jede und jeder entscheidet hier selbst. Material für die Gestaltung haben Sie sicherlich genügend in Ihrer Einrichtung.

Diese Aufgabe braucht Zeit und sollte in einer entspannten Atmosphäre stattfinden. Arbeiten Sie dabei nicht in Abgeschiedenheit, sondern machen Sie sich gemeinsam und offen im Miteinander und im Austausch an die Arbeit. In der Sozialpädagogik gibt es kein verbotenes Abschauen, sondern erfolgreiche Entwicklungsschritte durch Ko-Konstruktion.

Der Team-Tag unter dem Motto „Ich zeige mich" wird so zum Erlebnis „Wir sehen uns alle im Team". Nehmen Sie sich die Zeit, damit jedes Teammitglied sein Werk vorstellen kann und gewürdigt wird. Verbringen Sie den Tag miteinander ohne Leistungsdruck und ohne Konkurrenzgedanken – alles wird akzeptiert und wohlwollend angenommen. Staunen Sie über die Vielfalt in Ihrem Team!

Die Ergebnisse sind eine Bereicherung, um die Diversität im Team transparent zu machen. Die Collagen können auch zusammen mit den Kindern betrachtet werden und als Impuls für gemeinsame Aktionen dienen.

KREATIVE METHODEN

Biografiearbeit: Dieser Baum bin ich

Diese Übung setzt Vertrauen und einen wertschätzenden Umgang untereinander voraus. Jedes Teammitglied gestaltet einen Baum zur eigenen Person und stellt diesen im Team vor.

Die Aufgabenstellung kann für alle konkretisiert werden, indem folgende Vorgaben gelten:

- Meine Wurzeln: Was nährt mich?
- Der Stamm: Was gibt mir Halt?
- Die Äste: Was sind meine Stärken?
- Die Blätter: Was ist sichtbar?
- Die Blüten: Was wünsche ich mir?
- Die Umgebung: Was gehört noch zu mir?

Die darauffolgende Diskussion im Team bringt bestimmt für alle viele neue Erkenntnisse. Oft resultiert daraus eine positive und heitere Atmosphäre im Team.

KREATIVE METHODEN

Gemeinsames Bild: unser Teamwetter

Malen Sie ein gemeinsames Bild. Diese Aufgabenstellung kennen Sie aus der pädagogischen Arbeit mit den Kindern zur Förderung der Teamfähigkeit. Nun erfahren Sie selbst anschaulich die unterschiedlichen Herangehensweisen in der Zusammenarbeit.

Die Aufgabe lautet: Stellen Sie die Teamatmosphäre mit Wettersymbolen als gemeinsames Bild dar. Schrift ist nicht erlaubt. Und sprechen Sie dabei nicht miteinander, der Austausch kommt später.

Zuerst suchen Sie gemeinsam das Material zusammen. Dann beginnt jedes Teammitglied mit der Darstellung, so wie jeder und jede die Atmosphäre im Team empfindet. Vergessen Sie nicht: Das soll ein **gemeinsames** Bild werden! Bei vier Sonnen sind also vielleicht drei zu viel.

Nach rund 20 Minuten sollte das Werk fertiggestellt sein. Jetzt dürfen Sie reden. Zuerst gibt es sicherlich viele Fragen und Erklärungen. Dann tauschen Sie sich aus, wie jede/jeder die Teamatmosphäre empfindet und dargestellt hat. Finden Sie eine gemeinsame Überschrift für das Bild, zum Beispiel „Ein sonniges Klima mit Hagelkörnern, die ab und zu herunterprasseln“ oder, ganz kurz, „Sonne hinter Wolken“.

Durch eine **Auswertung auf der Meta-Ebene** erfahren Sie, wie Ihr Team zusammenarbeitet. Setzen Sie sich hierzu mit Fragen auseinander, die jedes Teammitglied beantworten sollte – zum Beispiel:

- Wie kam ich mit der Aufgabe zurecht?
- Was hat mich gestört?
- Was hat mir geholfen?
- Wo war ich ratlos?
- Wo hatte ich eine Idee und konnte diese umsetzen?
- Wo habe ich mich an anderen orientiert?
- Wie zufrieden bin ich mit dem Ergebnis?

Im Gespräch werden die Teamstrategien der Einzelnen sichtbar. Wer setzt sich durch? Wer gibt nach? Wer wartet erst mal ab und bringt sich dann ein? Wer lässt dem anderen Platz?

Teamprozesse werden hierbei offengelegt: „Wie gehen wir miteinander um?" Die Transparenz dieser Gruppenprozesse eröffnet neue Erkenntnisse und Möglichkeiten der Teamentwicklung.

KREATIVE METHODEN

Wettermassage: Entspannung im Team

Zum Ausklang einer intensiven Zusammenarbeit gönnen Sie sich gegenseitig etwas Gutes. Aus der Arbeit mit den Kindern kennen Sie sicherlich verschiedene Massagethemen, zum Beispiel die Pizzamassage, die Blumenmassage und auch die Wettermassage. Jetzt sind Sie mal dran mit der Wettermassage! Stellen Sie sich im Kreis auf und lassen Sie Ihre Kollegin oder Ihren Kollegen vor sich das Teamwetter auf dem ganzen Rücken erspüren. Reden Sie nicht dabei, doch Lachen ist erlaubt.

„Die Sonne scheint heute ganz warm auf uns herab – da schieben sich kleine Wölkchen vor die Sonne – es werden immer mehr – da kommt eine große Wolke und macht sich breit – kleine Regentropfen fallen einzeln herab – es nieselt ganz sanft – immer mehr Regentropfen prasseln – ein starker Wind kommt auf – verzieht sich langsam wieder – kleine Regentröpfchen fallen noch hernieder – die Sonne taucht wieder auf und erfreut uns mit ihrer sanften Wärme."

Nach circa fünf Minuten schütteln die „Masseure“ ihre Hände aus und alle drehen sich im Kreis um. Die Wettermassage beginnt von Neuem. Nach weiteren fünf Minuten dürfen Sie Ihre Hände nochmals gut ausschütteln.

Jetzt wird miteinander geredet: Hab ich die Sonne gespürt? Waren da große Hagelkörner unterwegs? Was habe ich gespürt und was hat mein Gegenüber dargestellt? Wie fühle ich mich jetzt?

KREATIVE METHODEN

Warme Dusche: Ich schätze an dir ...

Jedes Teammitglied bekommt ein farbiges Blatt Papier seiner Wahl. Alle schreiben jeweils ihren Namen ganz oben leserlich auf das Blatt und darunter den Satzanfang „Ich schätze an dir ...“.

Dann wird das Blatt weitergegeben und jedes Teammitglied schreibt für jede Kollegin und jeden Kollegen darauf, was es an ihm oder ihr schätzt. Also zum Beispiel:

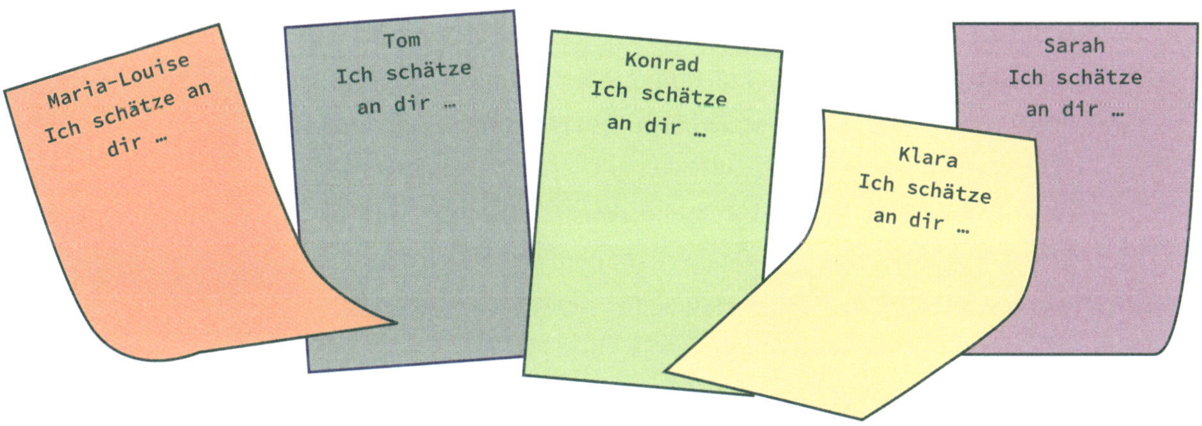

- dass du immer so fröhlich bist
- deine Geduld mit den Kindern
- deine gute Laune im Frühdienst
- dass du mich schon oft unterstützt hast
- dass du so kreativ bist
- dass du manchmal ernst und manchmal lustig bist
- dass du für mich den Frühdienst am letzten Montag übernommen hast
- dass du deine Meinung vertrittst

Wenn jedes Teammitglied seine Wertschätzung niedergeschrieben hat, bekommt man das eigene Blatt zurück. Herrscht in Ihrem Team großes Vertrauen, kann das Ergebnis auch vorgelesen werden. Ansonsten nimmt jedes Teammitglied „die warme Dusche“ mit nach Hause und freut sich darüber.

3 Glaub an mich! Rollen und Aufgabenverteilung im Team

„Wichtig ist uns, dass wir alle gleich sind, denn nur so ziehen wir auch am gleichen Strang.“ Diese Aussage einer Leitung macht deutlich, dass in vielen sozialen Einrichtungen ein gutes und gerechtes Miteinander nur unter der Prämisse „Wir sind alle gleich“ als möglich angesehen wird. Die Wirklichkeit sieht aber anders aus. Jede Kollegin und jeder Kollege bringt eine eigene Sicht der Dinge ein, hat besondere Stärken und Passionen und auch verschiedene Herangehensweisen. Die Unterschiedlichkeit der Einzelnen stellt einen Gewinn und eine Ressource zur Aufgabenerfüllung und für die effektive Zusammenarbeit im Team dar.

Es könnte ein Widerspruch sein: Einerseits wird ein Team durch ein starkes Wir-Gefühl geprägt. Teamarbeit bedeutet deshalb, gemeinsam ein Ziel zu verfolgen, sich für eine Vision zu engagieren und Lösungen zu finden, „ohne dass sich ihre Anteile trennen oder gesondert verwerten und zuordnen lassen“ (Birker & Birker 2001, S. 9). Andererseits setzt sich ein Team aus unterschiedlichen Personen zusammen – mit jeweils eigenen Sozial- und Fachkompetenzen, Haltungen und Erfahrungen, die in die Arbeit des Teams einfließen.

3.1 Wie vertragen sich Teamzusammenhalt und Individualität?

Für die Entwicklung des Teams und den Erfolg seiner Arbeit ist diese Frage von herausragender Bedeutung. Das Team wird, wie wir schon im ersten Kapitel gesehen haben, durch gemeinsame Ziele ebenso geprägt wie durch den Willen, diese Ziele gemeinsam zu erreichen. Entscheidungen müssen deshalb gemeinsam beraten und sollten zusammen getroffen werden. Aufgabe der Leitung ist nicht, zu entscheiden, sondern den Prozess der Entscheidungsfindung zu organisieren. Da es sich bei einem Kita-Team jeweils um eine relativ kleingruppige Organisation handelt, ist die Einbeziehung aller Teammitglieder nicht nur nötig, sondern prinzipiell auch möglich. Dadurch erhöht sich auch die Chance, eine gemeinsame Verantwortung aller Teammitglieder für das Gelingen der Arbeit zu entwickeln und die Bindung an das Team zu stärken. Die damit logisch verbundene Abgrenzung von anderen Teams stabilisiert zudem den eignen Zusammenhalt und steigert so die Effizienz der Aufgabenerfüllung (Birker & Birker 2001, S. 16).

Voraussetzungen für die gemeinsame Aufgabenerfüllung

- Motivation zur Zusammenarbeit (Teamfähigkeit)
- Passgenaue Zusammensetzung des Teams (Rollen = Kompetenzen)
- Alle erhalten gleichermaßen die notwendigen Informationen (Vollstruktur)
- Wertschätzende Kommunikation (Einsatz von Kommunikationsmodellen)
- Ideen werden von allen geliefert (Brainstorming)
- Gemeinsamer Austausch zur Zielbestimmung (Ko-Konstruktion)
- Unterschiedliche Arbeitsstile sind akzeptiert (Diversität als Gewinn)
- Konkrete Planung (Maßnahmenplan)
- Durchführung mit akzeptierter Aufgabenverteilung (Stärken stärken)
- Fehler bedeuten Entwicklungschancen (Fehlerkultur)
- Konflikte und Konkurrenz werden offen angesprochen und bearbeitet (Konfliktmanagement)
- Zielüberprüfung sowie verbalisierte Freude über das Erreichte (Evaluation)

Dennoch: Ein Team ist bei aller Gemeinsamkeit der Ziele keine Kleingruppe gleicher Persönlichkeiten. Wesentlich breiter diversifiziert sind die individuellen Stärken und Fähigkeiten, die sich aus Persönlichkeit und bisheriger Arbeitserfahrung ableiten. Diese **Kompetenzen und Neigungen prägen die formellen und informellen Rollen, die die Zusammenarbeit und Aufgabenerfüllung im Team bestimmen**. Rollen lassen sich definieren als „Bündel aller Erwartungen an das Verhalten und die Einstellungen des einzelnen Teammitglieds" (Dettling 2021, S. 3). Dabei sind mit der Rolle jeweils spezifische Pflichten und Rechte verbunden.

Die Funktionen innerhalb eines Teams können bis zu einem gewissen Grad formal beschrieben und vom Träger festgelegt werden. Sie sind mit der Wahrnehmung bestimmter Aufgaben verbunden und finden sich dann gelegentlich sogar in den Stellenbeschreibungen wieder. Dazu gehören neben Leitungsfunktionen vor allem spezielle Kompetenzen, die oft mit dem Profil der Einrichtung korrespondieren. Pädagogische Konzepte erfordern Kompetenzen, um die Aufgaben, die sich daraus ergeben, auch erfüllen zu können. So wird eine Kita mit dem Schwerpunkt Inklusion andere Kompetenzen und Rollen erforderlich machen als ein primär bewegungsorientiertes Konzept. Da sich diese Aufgabenverteilung in der Konzeption und der Außendarstellung niederschlägt, werden sich in der Regel auch die Erwartung der Eltern daran orientieren.

Rahmenbedingungen zur Aufgabenerfüllung im Team

- Raum und Zeit
- Klare Aufgabenbestimmung
- Eindeutige Zuständigkeit
- Übernahme von Verantwortung
- Zusammenführung der Ergebnisse

Viele Aufgaben entstehen im Team durch den gemeinsamen Austausch und das gemeinsame Verständnis des Auftrages. Aber auch von außen kommen Anforderungen, Erwartungen und Aufträge. Diese zeigen sich vor allem in der Erziehungs- und Bildungspartnerschaft mit Eltern. Auch der Träger hat Erwartungen und stellt Anforderungen an das Personal der Einrichtung. Die Gesellschaft setzt auf die Erfüllung der Aufgaben Erziehung, Betreuung und Bildung der Kinder und hat dazu Gesetze geschaffen. Das Team ist gemeinsam zuständig für die Aufgabenerfüllung. Im Vordergrund steht das Erreichen des gemeinsamen Ziels, und dafür übernimmt jeder und jede Verantwortung.

Schwierig wird es, wenn die Erwartungen von Trägern und/oder Eltern nicht mit dem Rollenverständnis einzelner Teammitglieder korrespondieren. Dann entsteht ein Konflikt zwischen dem eigenen Rollenverständnis, der fachlichen oder personalen Kompetenz und dem vom Wir-Gefühl geprägten Bedürfnis, der gemeinsamen Arbeit und Zielverfolgung im Team zu entsprechen. Die Loyalität zu Träger und Leitung führt ein zusätzliches Element der Verunsicherung ein. Hier sind die Auseinandersetzung mit den eigenen Werten und der Abgleich mit den Werten der Institution unabdingbar.

3.2 Welche informellen Rollen prägen die Teamstruktur?

Wesentlich komplexer als die Rollenverteilung auf der Sachebene sind die informellen Rollen. Sie sind nicht sofort auf der Oberfläche der Zusammenarbeit erkennbar und werden oft weder bewusst erkannt noch thematisiert, prägen aber gerade deshalb die Teamstruktur nachhaltig. Aufgrund ihrer informellen Rollen entwickelt sich auch ein spezifischer Status der einzelnen Mitglieder, der die Beziehungsebene und die reale Funktion innerhalb des Teams abbildet. Informelle Rollen spiegeln sozialpsychologische Strukturen wider und sind deshalb schwer erkennbar, aber wirkungsmächtig.

Informelle Rollen zeigen sich immer im Verhalten, auch wenn ihre Gründe in tieferen Schichten angelegt sind. Da sie nicht explizit festgelegt werden, sind sie, anders als die formalen Rollen, auch nicht statisch, sondern unterliegen Veränderungen, die von der Entwicklung des Teams ebenso beeinflusst werden wie von der Entwicklung der eigenen Persönlichkeit. Rolle und Status sind damit immer wieder neu Ergebnisse eines Prozesses von Aushandlungen, die sich weitgehend auf der Beziehungsebene vollziehen. Deshalb ist es unerlässlich, dass ein Team sich nicht nur auf seinen Zusammenhalt und seine Ziele konzentriert, sondern zugleich immer wieder und immer neu über seine Struktur – die Verteilung von Aufgaben und Rollen – reflektiert.

Meredith Belbin untersuchte 1993 das Verhalten von Personen in Teamstrukturen und stellte fest, dass die Teammitglieder typische Rollen besetzen. Als Teamrollen werden typische Verhaltensmuster bezeichnet, die bei einem Teammitglied beobachtet oder ihm zugeschrieben werden; dieses Muster wiederum löst oft ein bestimmtes Verhalten ihm gegenüber aus, und es werden Erwartungen daran geknüpft. Belbin unterscheidet neun Rollen, die in drei Kategorien eingeteilt sind: wissensorientierte Rollen, handlungsorientierte Rollen und kommunikationsorientierte Rollen.

Wissensorientierte Rollen

Rollen	Stärken	Schwächen
„Erfinder“	spontan, kreativ, innovativ, bringt oft ungewöhnliche Ideen ins Team ein	ignoriert Details, unwillig gegenüber Ideen anderer, wenig Verständnis für Kritik
„Beobachter“	analytisch, differenziert mit gutem Urteilsvermögen, zeigt im Team umsetzbare Alternativen auf	wenig Begeisterung erkennbar, überkritisch
„Spezialist“	viel Wissen und Können in einem Fachgebiet, kann Informationsdefizite im Team gut ausgleichen	detailverliebt, übersieht das „große Ganze“, Wissenserwerb primär zum eigenen Nutzen

Handlungsorientierte Rollen

Rollen	Stärken	Schwächen
„Macher“	pragmatisch und energiegeladen, überwindet lösungsorientiert Hindernisse und treibt das Team zur Aufgabenerfüllung an	ist leicht ungeduldig, tritt anderen gegenüber oft provokativ und sogar verletzend auf
„Umsetzer“	effizient, diszipliniert, erfüllt Aufgaben gut strukturiert, zeichnet sich im Team durch Zuverlässigkeit aus	konservativ, empfindet Neuerungen als Störung des Arbeitsprozesses und blockiert diese
„Perfektionist“	gewissenhaft und sorgfältig, sorgt im Team für hundertprozentige und termingerechte Aufgabenerfüllung	fürchtet Fehler und Versagen, kleinlich-genau, behält am liebsten selbst die Kontrolle

Kommunikationsorientierte Rollen

Rollen	Stärken	Schwächen
„Koordinator“	verlässlich und kommunikativ, hat einen klaren Blick auf die Aufgabenerfüllung, übernimmt selbstsicher gerne Leitungsfunktionen, setzt Stärken wie Schwächen im Team passgenau ein	wird oft als manipulativ empfunden, delegiert gerne seine Aufgaben, beansprucht Erfolge des gesamten Teams für sich
„Teamarbeiter“	hört gut zu, wirkt beruhigend, sorgt mit Kooperationsfähigkeit und Diplomatie für Zusammenhalt und Harmonie im Team	wenig konfliktfähig, unentschlossen in kritischen Situationen, lässt sich leicht beeinflussen
„Ressourcen-Ermittler“	extrovertiert, enthusiastisch, kommunikativ, guter Netzwerker, der Kontakte nach außen für das Team herstellt	verliert nach anfänglicher Begeisterung rasch das Interesse und verfolgt vereinbarte Ziele dann nur mehr nachlässig

Auch wenn die Rollen beweglich sind und die meisten Menschen Elemente aus mehreren Rollen aufweisen, zeigen sich doch individuell deutliche Schwerpunkte (Lieb 2018, S. 18). Deshalb sollten die Stärken und Schwächen, die einer Rolle zugeschrieben werden, Beachtung finden. Jedes Teammitglied kann sich dabei mit den Zuschreibungen auseinandersetzen und sich weiterentwickeln.

Voraussetzungen für eine solche Momentaufnahme der aktuellen Rollenverteilung sind:

- Ein Vertrauensverhältnis innerhalb des Teams, das es erlaubt, diese sublimen Rollen auf die Ebene bewusster Wahrnehmung zu heben und so Wege zum Umgang damit zu ermöglichen
- Konzentration auf Fähigkeiten und Stärken, um Beschädigungen durch eine Negativorientierung zu vermeiden
- Eine Haltung aller Teammitglieder, die es erlaubt, den unterschiedlichen Rollen wertschätzend zu begegnen und sie als Ausdruck von Persönlichkeit zu akzeptieren
- Das explizite Bewusstsein, dass diese Rollen nicht statisch sind, sondern dem Wandel des Teams wie der Persönlichkeiten unterliegen, also gestaltbar sind
- Die gemeinsame Verantwortung mit dem individuellen Verantwortungsgefühl der einzelnen Teammitglieder zu verbinden
- Eine offene Gesprächskultur, in der auch Konflikte thematisiert werden können, ohne Vertrauen und Wir-Gefühl nachhaltig zu beschädigen
- Die Fähigkeit und Bereitschaft, die Rollenverteilung als offenen Prozess der Teamentwicklung immer wieder neu auszuhandeln

---

Entwicklungspotenzial haben Rollenbeschreibungen, die sich von vornherein nicht auf eine statische Gruppenstruktur stützen, sondern das Potenzial künftiger Entwicklung zusammen mit der Analyse in den Fokus nehmen. Als hilfreiche **Methode einer Rollenbeschreibung mit perspektivischem Potenzial** hat sich das Enneagramm bewährt. Das **Enneagramm** geht von **neun Mustern** aus, die sowohl die eigene Haltung als auch das Verhalten anderen gegenüber in den Blick nehmen (Przybilla & Rossmeissl 2019, S. 29 ff.):

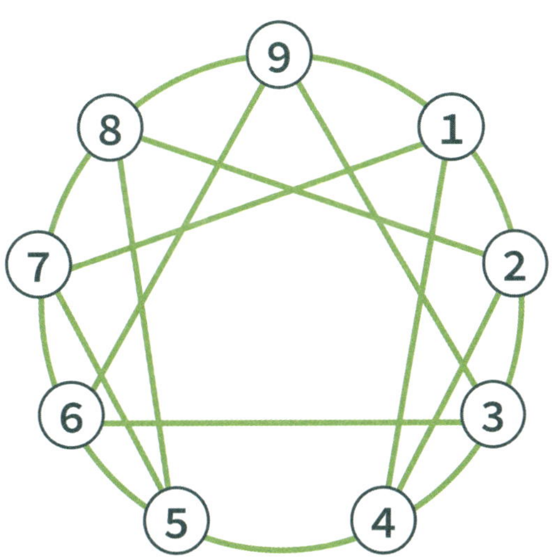

Muster (Begriffe nach Reifarth 1997)	Stärken	Schwächen
1 Reformer/ Perfektionist: strebt nach Vollkommenheit	fleißig, ehrlich, ordentlich, ist von seinen Ideen überzeugt, analysiert Schwachstellen und bringt Verbesserungsvorschläge ins Team ein	rechthaberisch, dogmatisch, belehrend, moralisierend, Angst vor Ärger
2 Helfer/Geber: strebt nach Wertschätzung	fürsorglich, bescheiden, beratend, unterstützt andere Teammitglieder und die Leitung	schmeichelnd, selbstgefällig mit „Anspruch“ auf Anerkennung der geleisteten Hilfe
3 Dynamiker/ Macher: strebt nach Effizienz	kompetent, effizient, an guter Außenwirkung interessiert, pragmatisch, identifiziert sich mit Zielen, bringt Begeisterung und Erfolg ins Team	statusbewusst, eitel, strebt nach Applaus, oberflächliche Erfolgsorientierung, Angst vor Versagen
4 Individualist/ Künstler: strebt nach Authentizität	sensibel, kreativ, drängt nicht „ins Rampenlicht“, gibt Impulse und „entzündet Feuer“, motiviert das Team	möchte undurchschaubar sein, versucht „liebevoll zu manipulieren“
5 Beobachter/ Denker: strebt nach Wissen	analytischer Denker, distanziert, objektiv, besitzt die wichtigen Informationen für das Team und bringt neues Wissen ein	unsicher, verliert sich leicht in Details, scheut die Anwendung von Neuem, mehr rezeptiv als aktiv
6 Loyaler/ Skeptiker: strebt nach Sicherheit	pflichtbewusst, loyal, ehrlich, verlässlich, achtet auf Einhaltung von Regeln, warnt das Team vor Risiken und Fehlern	Bedenkenträger, sucht Schutz durch Vorgesetzte, Angst vor Übertretung der Regeln und sichtbaren Fehlern
7 Optimist/ Träumer: strebt nach Glück	idealistisch, fröhlich, aktiv kommunikativ, sorgt für harmonische Atmosphäre und gute Laune im Team	oberflächlich, genussorientiert, leidet bei Konflikten
8 Herausforderer/ Kämpfer: strebt nach Gerechtigkeit	selbstbewusst, kontrollierend, herausfordernd, setzt sich für die Rechte und Bedürfnisse des Teams ein	sehr direkt, manchmal verletzend, machtorientiert, strebt nach Überlegenheit
9 Vermittler/ Bewahrer: strebt nach Harmonie	vermittelnd, ausgleichend, gelassen, achtet darauf, dass niemand im Team ausgeschlossen wird	unentschlossen, verschiebt gerne Entscheidungen, träge, „pflegeleicht“

Das Enneagramm stellt keine statische Teamanalyse dar, sondern ordnet jedem Muster sowohl Risiken als auch Erwartungen an die künftige Entwicklung zu. So wäre es für Menschen vom Muster Drei hilfreich, sich auch einmal nicht auf den eigenen Erfolg, sondern stärker auf den für alle gültigen Rahmen einzulassen, wie ihn die Sechs verkörpert. Die Sechs wiederum sollte von der Flexibilität der Neun lernen, dass die Einhaltung von Regeln nicht der einzige Weg ist, allen im Team gerecht zu werden. Die Neun wiederum sollte sich von der Drei ein Stück Effizienzdenken angewöhnen, um nicht im „Alles-Verstehen“ handlungsunfähig zu werden. Ähnlich lassen sich auch die Verhaltensweisen der anderen Muster als Potenziale beschreiben, welche die individuelle Entwicklung und die gegenseitige Ergänzung der Rollen miteinander verbinden (Przybilla & Rossmeissl 2019, S. 26).

3.3 Teamfähigkeit: Die individuellen Kompetenzen zum gemeinsamen Erfolg einsetzen

Eine wichtige Brücke zwischen der Gemeinsamkeit des Teams und der Differenzierung in Rollen stellt die Frage dar, wie es zur **Entscheidungsfindung** im Team kommt. Kriterien dafür lassen sich auf der Sach- wie auf der Beziehungsebene finden:

- Welche Entscheidungen sollen gemeinsam getroffen, welche im Rahmen der jeweiligen Aufgaben und Rollen individuell wahrgenommen werden?
- Was sind die Maßstäbe für die zu treffenden Entscheidungen? Welche Rolle spielen dabei die Teammitglieder, welche Einflüsse kommen von außen (Eltern, Träger) und wie wirkungsmächtig sind diese?
- Nach welchen Prinzipien werden Entscheidungen getroffen? Welche Prozesse sind formal festgelegt, welche werden durch die Rollenverteilungen (vor allem die informellen) beeinflusst?
- In welchen „Währungen" werden die Rollen honoriert? Da das Gehalt aufgrund der Tarifstruktur meist keine solche Währung darstellt, geht es hier zum Beispiel um Anerkennung der Leistung durch Team, Leitung, Eltern und Kinder, Status-Akzeptanz, Fortbildungsmöglichkeiten und Karrierechancen.
- Welche Kriterien gibt es, diese Anerkennung aus der bloßen emotionalen Zuschreibung zu lösen und mit dem Anspruch auf Gerechtigkeit zu verbinden?

Für diese Aufgaben ist ein professionelles Rollenverständnis aller Teammitglieder notwendig. Dieses Verständnis sollte verstärkt Teil der Ausbildung werden und – auch in Zeiten des Fachkräftemangels – bei der Personalauswahl und damit der Teambildung berücksichtigt werden.

Die Teamentwicklung, das heißt, die Struktur des Teams und die durchlaufenen Phasen sind nicht allein Aufgabe der Leitung. Damit die Aufgaben im Team gelingen, bedarf es aktiv gesteuerter Prozesse. Ko-Konstruktion trägt auch hier maßgeblich zum Erfolg bei. Die Zusammensetzung des Teams (Teambildung) muss genau analysiert werden, es muss geprüft werden, welche Rollen vorhanden sind, um die Aufgaben gut zu verteilen und so die Ziele in einem funktionierenden Team auch zu erreichen.

Teamfähigkeit als Stärke ist keine Charaktereigenschaft, sondern eine erlernbare Fähigkeit. Sie ist Basis für zielorientierte Teamarbeit und zeigt sich in vielen Bereichen der

Zusammenarbeit, in denen die eigenen Kompetenzen zum größtmöglichen gemeinsamen Erfolg eingesetzt werden.

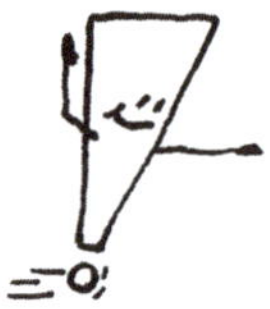

> **„Je mehr Menschen man sieht und spricht, desto mehr Gesichtspunkte, desto mehr Erfahrung gewinnt man. Jeder Mensch birgt ein Körnchen Eigenart, jedes Individuum hat seine Geschichte.“**
>
> **Johan August Strindberg**

Für die Erfüllung der Anforderungen und die zielorientierte Herangehensweise an Aufgaben wird Teamfähigkeit bei allen Mitgliedern benötigt. Diese Kompetenz befähigt als Konstrukt von einzelnen Kompetenzen und Talenten das Team zur optimalen Bewältigung unterschiedlicher Einzelaufgaben und verortet die verschiedenen Rollen. Entscheidend für die Teamentwicklung ist es, diese Rollen so aufeinander abzustimmen, dass sich die damit verbundenen Stärken im Interesse der Gesamtaufgabe ergänzen. Das Entwicklungspotenzial der Rollen darf dabei nicht außer Acht gelassen werden: Veränderungsprozesse sind erwünscht.

Reflexionsfragen zur ressourcenorientierten Herangehensweise an Aufgaben

- Sind unsere Aufgaben im Team nach unseren Stärken und Fähigkeiten verteilt?
- Sind in unserem Team noch Kompetenzen und Ressourcen, die nicht wirkungsvoll zum Tragen kommen?
- Wird die Aufgabenerfüllung als offener Aushandlungsprozess von allen wahrgenommen?
- Werden unterschiedliche Rollen im Team wertgeschätzt?
- Können wir unsere Stärken im Team leben?
- Sind unterschiedliche Potenziale im Team sichtbar und werden diese als sinnvolle gegenseitige Ergänzungen erkannt?
- Welche Entscheidungen sollen im Team gemeinsam getroffen werden?

Vervollständigen Sie die folgenden Satzanfänge:

Erfolgreiche Vorgehensweisen, um ein Ziel zu erreichen, sind in unserem Team

....

....

Wenn wir eine Aufgabe gut gemacht haben, dann ....

....

Meine Stärken setze ich gerne für folgende Aufgaben ein: ....

....

Unsere Fehlerkultur bezeichne ich als ....

....

Bei Aufgaben kommen mir oft Zweifel, weil ....

....

In unserem Team erkenne ich verschiedene Rollenmuster und zwar ....

....

....

Meine Rolle bezeichne ich als ...., weil ....

....

Mit der Erfüllung meiner Aufgaben bin ich zufrieden, weil ....

....

»

Zweifel an der Aufgabenerfüllung habe ich, wenn ....

....

Konkurrenz entsteht in unserem Team durch ....

....

Zur Erfüllung meiner Aufgaben brauche ich ....

....

Aufgaben bedeuten für mich ....

....

3.4 Übungen zum Erkennen der Teampotenziale

Gehen Sie spielerisch an die Aufgaben. Vergessen Sie nicht: Veränderungen sind immer möglich. Potenziale sind mehr wert als Defizite. Heben Sie die Schätze, die in Ihrem Team vorhanden sind.

KREATIVE METHODEN

Wertehierarchie: Welche Werte beeinflussen unsere Arbeit?

Jedes Teammitglied schreibt fünf seiner wichtigsten Werte auf ein gemeinsames Plakat. Danach werden Mehrfachnennungen herausgesucht und farbig markiert.

In der anschließenden Diskussion setzt sich das Team mit den offengelegten Werten auseinander. Hilfreiche Fragen dazu können sein:

- Welche Werte sind öfters genannt worden?
- Welche Werte erwartet unser Träger?
- Welche Werte finden wir in unserer Konzeption?

- Welche Werte werden in unserer pädagogischen Arbeit umgesetzt?
- Welche Werte beeinflussen die Arbeit mit den Kindern?
- Welche genannten Werte können in unserer Einrichtung nicht gelebt werden?
- Woher haben wir unsere Werte? Wie haben wir sie erworben (z. B. durch die Eltern, durch ein Erlebnis)?
- Welche Werte ergänzen sich gut im Team?
- Mit welchen Werten wollen wir uns am Team-Tag vertieft auseinandersetzen?
- Wie können wir die Werte der Eltern erfahren, um sie mit unseren Werten im Team zu vergleichen?

In einem weiteren Schritt werden die gemeinsamen Werte festgeschrieben und später dann auch jeder neuen Mitarbeiterin ausgehändigt.

KREATIVE METHODEN

Aufgabenverteilung: der besondere Maßnahmenplan

Besprechen Sie in der nächsten Teamsitzung die Verteilung der anstehenden Aufgaben mithilfe eines besonderen Maßnahmenplans:

Welche Aufgabe muss erledigt werden?	Bis wann?	Welche Fähigkeiten werden dazu gebraucht?	Das mache ich!	Mit wem will ich zusammenarbeiten?	Was brauche ich dazu?
Den nächsten Elternabend planen	März	kreative Ideen, strukturiertes Vorgehen	Lisa	Marc	Ergebnisse der Elternbefragung
Eine ehrenamtliche Lese-Oma suchen und betreuen	nächsten Monat	Kontaktfähigkeit, fachliches Wissen	Viola	Elsbeth	Zugriff auf die Homepage
Anleitung der neuen Praktikantin übernehmen	ab nächsten Monat	Ausbilderkompetenzen, Zusammenarbeit mit der Schule	Mona	Frieda	Bewerbungsunterlagen der Praktikantin

Sie werden staunen, wie viele Potenziale in Ihrem Team vorhanden sind!

Bringen Sie ein wenig Zauber in Ihr Team: die Fee mit den drei Wünschen

Die Geschichte: Eine Fee kommt in das Team und stellt jeder Kollegin und jedem Kollegen drei Wünsche frei.

Die Vorgehensweise: Jedes Teammitglied schreibt seine drei Wünsche auf einem Blatt Papier auf und faltet den Zettel zweimal. Es können an jedes Teammitglied auch drei Kärtchen ausgeteilt und dann die Wünsche jeweils darauf notiert werden. Der Name wird nicht auf das Blatt/Kärtchen geschrieben. Die Wünsche werden nun in einen Topf geworfen. Bevor die Zettel herausgenommen werden, wird der Topf dreimal gut geschüttelt und mit einem Zauberkochlöffel dreimal umgerührt. Dann werden die Wünsche vorgelesen und an einer Pinnwand aufgehängt.

Die Wünsche werden sortiert: Gibt es Mehrfachnennungen? Gibt es ähnliche Wünsche? Die Kärtchen können auch nach bestimmten Kriterien sortiert werden, zum Beispiel Wünsche zu Rahmenbedingungen, Wünsche zur Teamarbeit, Wünsche zur Arbeitsteilung.

Jetzt wird geraten, welche Wünsche zu wem gehören. Dieser Schritt kann allerdings nur durchgeführt werden, wenn im Team Vertrauen und Wertschätzung herrschen. Andernfalls bleiben die Wünsche geheim, und das Team setzt sich auf der Meta-Ebene mit diesem Zauber auseinander:

- Würde es mir gefallen, wenn mir eine Fee drei Wünsche erlaubt?
- Ist es schwierig, drei Wünsche zu formulieren?
- Habe ich Wünsche, die unsere Teamarbeit betreffen?
- Glaube ich, dass wir es im Team schaffen, manche Wünsche zu erfüllen?

Diskutieren Sie, welche Wünsche als Arbeitsaufträge an das Team akzeptiert und welche Schritte in nächster Zeit dazu unternommen werden sollen.

Unsere Ressourcen: verzauberte Tiere

Die Fee kommt wieder in das Team. Sie verzaubert jedes Teammitglied in ein Tier. Jeder überlegt sich nun, welches Tier er im Team ist oder sein will. Das gewählte Tier wird aufgemalt und die Zeichnungen werden dann für alle sichtbar aufgehängt oder ausgelegt.

Gemeinsam denken die Teammitglieder über Eigenschaften und Fähigkeiten jedes Tieres nach. Dies geschieht in einer gemeinsamen Diskussion. Die Kolleginnen und Kollegen suchen sich jeweils fünf Begriffe aus und schreiben diese auf ihre Zeichnung. In der nächsten Teamsitzung wird dazu Feedback eingeholt. Mögliche Fragen sind:

- Habe ich in den vergangenen Tagen noch über die Übung nachgedacht?
- Welche Gefühle sind dabei in mir entstanden?
- Kann ich mich mit dem Tier und den zugeschriebenen Eigenschaften identifizieren?
- Möchte ich etwas daran ändern? Lieber ein anderes Tier sein?
- Was möchte ich noch dazu sagen?

Die auf diese Weise bekannt gewordenen Ressourcen der Fachkräfte im Team sollten Sie unbedingt festhalten. In den Alltag werden diese Kompetenzen eingebracht: Überlegen Sie, welche Stärke zu welcher Aufgabe passt; sie werden auf diese Weise noch effektiver zusammenarbeiten.

KREATIVE METHODEN

Rollenanalyse: Wer bin ich?

Jedes Teammitglied schreibt verdeckt auf farblich unterschiedliche Kärtchen

1. Rollenbezeichnungen, die im Team seiner Meinung nach vorkommen (Sie können sich hier an einer Typologie, wie der von Belbin, oder am Enneagramm orientieren);
2. Aufgaben, die differenziert im Team wahrgenommen werden müssen; diese sollten möglichst konkret beschrieben werden;
3. Eigenschaften, die bei einzelnen Teammitgliedern wahrgenommen werden, ohne die Namen zu nennen.

Alle Angaben erfolgen ohne Zuordnung zu bestimmten Personen.

Die Kärtchen werden dann verdeckt in die Tischmitte gelegt, gemischt und anschließend einzeln aufgedeckt. Alle Karten liegen nun offen bereit, sodass jedes Teammitglied sich zu jeder Kategorie überlegen kann, welche Karte am besten zu ihm selbst passt.

Jedes Teammitglied nimmt sich nun aus jeder der drei Kategorien eine für sich passende Karte. Sollte eine Karte von mehreren Beteiligten ausgewählt werden, können Ersatzkarten mit demselben Text angefertigt werden. Werden einzelne Karten nicht gezogen, bleiben sie unkommentiert liegen. Die Eigen-Zuordnungen werden dann in der Teamrunde besprochen und auf ihre Passgenauigkeit hin überprüft.

Diese Übung eignet sich insbesondere, um die eigenen Fähigkeiten zu erkennen und im Team ein Bewusstsein für die vorhandenen Ressourcen zu schaffen.

KREATIVE METHODEN

Teampotenzial: unsere Schätze im Team

Auf einem großen Plakat werden alle Teammitglieder im Kreis mit gleichem Abstand zueinander symbolisch aufgemalt. Jedes Teammitglied wird pro Kollegin oder Kollege zusätzlich mit einem großen und einem kleinen Kreis ausgestattet.

Nun schreiben die Kolleginnen und Kollegen die „Schätze" in die Kreise. Großer Kreis bedeutet: **„Das schätze ich ganz besonders an dir!"** Kleiner Kreis bedeutet: **„Ich bin froh, dass du das ins Team einbringst/übernimmst."**

Hier einige Beispiele für mögliche „Schätze“:

- Arbeitet sehr selbstständig
- Ist verlässlich
- Drängt sich nicht in den Vordergrund
- Kann sich durchsetzen
- Kann gut zuhören
- Unterstützt andere
- Präsentiert gerne
- Hat kreative Ideen
- Hat praktische Ideen
- Bringt gute Laune ins Team

Gehen Sie gemeinsam in den Austausch und überlegen Sie sich die Stärken, die Sie in die Kreise schreiben wollen. Das Team muss sich hier einigen!

Nachdem Sie wissen, welche Fähigkeiten der einzelnen Fachkräfte gerade im Team als Stärken zum Tragen kommen, beginnt ein Teammitglied damit, einen großen Kreis auszufüllen. Wessen Kreis als erstes gefüllt wurde, darf nun für einen anderen den großen Kreis ausfüllen etc.

Sind alle großen Kreise ausgefüllt, halten Sie inne und betrachten Sie die „Schätze“, die jetzt sichtbar werden. Jetzt werden auch noch die kleinen Kreise reihum gefüllt. Sollten diese nicht ausreichen, können noch weitere Kreise ergänzt werden. Zum Schluss staunen Sie gemeinsam über die Fülle der Schätze im Team.

4 Für mich soll's immer Lob regnen! Kommunikation im Team

„Wenn alle schweigen, einer spricht, das nennt die Klasse Unterricht." Diese ironische Anmerkung zum Frontalunterricht lässt sich – gelegentlich – auch auf die Kommunikation im Team übertragen: Die Teamleitung ruft zur Besprechung, alle kommen, die Leitung trägt vor, die Teilnehmerinnen und Teilnehmer nicken, man geht auseinander.
Natürlich sollte dieses Szenario in Kitas die Ausnahme sein. Teamarbeit bedeutet, miteinander zu arbeiten und miteinander zu reden. Die vielen Gespräche, die zum Austausch untereinander stattfinden, sind wesentliche Bestandteile der pädagogischen Arbeit. Im Folgenden richten wir den Blick darauf, wie die Kommunikation im Team gelingen kann.

Alle Beteiligten in einem Team sind grundsätzlich an einer positiven Kommunikationskultur interessiert. Alle wollen gehört werden und am liebsten nur positive Rückmeldungen erhalten. Lob gehört zu einem guten Teamklima, aber auch ein fachlicher Austausch ohne gefühlte Kränkungen. Gegenseitige konstruktive Kritik und hilfreiches Feedback sollten hier genauso ihren Platz haben wie das gegenseitige Zuhören, ohne die Äußerungen gleich zu werten. Teamgespräche sollten effektiv und effizient verlaufen, ohne dass die Teamatmosphäre darunter leidet.

Fachwissen über Kommunikation allein reicht dazu allerdings noch nicht, erst Übung ermöglicht die notwendige Handlungskompetenz. Deshalb muss zum Ausprobieren und Üben auch Gelegenheit im Team gegeben werden. Sich gemeinsam auf den Weg machen, jeden dort abholen, wo er gerade steht, gegenseitige Wertschätzung als Wegbegleiter – das sind die Grundsätze dabei.

Wahrhaftiges Lob bedeutet,
- ehrlich und authentisch,
- aufmerksam und zugewandt zu sein,
- nicht zu übertreiben,
- sich situationsbezogen,
- zeitnah,
- verbal und nonverbal zu äußern.

Der regelmäßige Austausch von Informationen geschieht durch Kommunikation. Unterschiedliche Kommunikationsstrukturen bestimmen diesen Austausch, der meist als Gespräch stattfindet; aber auch ein Teaminformationsbuch – zum Beispiel digital – trägt zur gelingenden Kommunikation bei.

4.1 Verschiedene Kommunikationsstrukturen und ihre Auswirkungen

Der **Stern**: Eine zentrale Person gibt die Informationen gleichermaßen an alle anderen Kolleginnen und Kollegen weiter. Oft ist diese zentrale Person die Leitung, die die Inhalte, die für alle wichtig sind, ihrem Team vermittelt. Der Vorteil dabei ist, dass alle die gleiche Information zur gleichen Zeit erhalten. Nachteil ist der oft hohe Zeitaufwand für die zentrale Person. Das Team wird zum Empfänger degradiert.

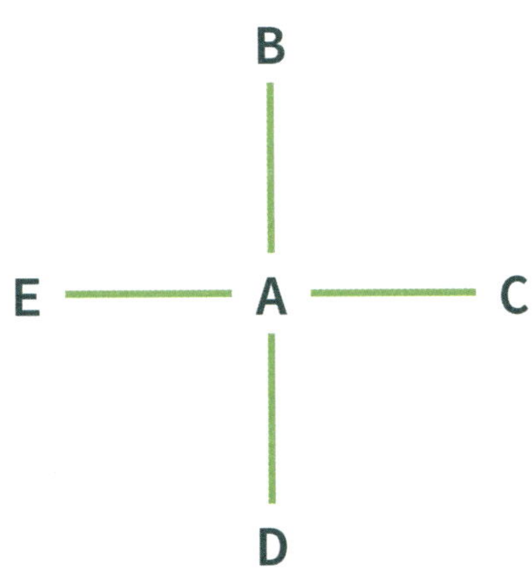

Die **Kette**: Eine Person gibt die Informationen an die nächste Person weiter, diese dann an eine andere etc. Hier bestimmt oft die Hierarchie die Reihenfolge der Kommunikationsweitergabe. Zum Beispiel gibt die Leitung den Inhalt an die Gruppenleitung, diese an die Zweitkraft und diese wiederum an die Praktikantin weiter. Vorteil ist der geringe Zeitaufwand für den Informationsgeber, denn dieser muss nicht alle Teammitglieder zusammenrufen. Nachteil ist, dass oft Informationen verloren gehen oder auf dem Weg verfälscht werden.

A — B — C — D — E — F

Der **Kreis**: Er ähnelt der Kette, denn eine Person gibt die Information an die nächste Person weiter, diese wiederum an die nächste und so fort. Der Unterschied besteht aber darin, dass zum Schluss die Information wieder bei der aussendenden Person ankommt, der Kreis sich also schließt. Vorteil dabei ist, dass die aussendende Person die Möglichkeit der Kontrolle hat, ob die Nachricht durchgehend und unverfälscht weitergegeben wurde.

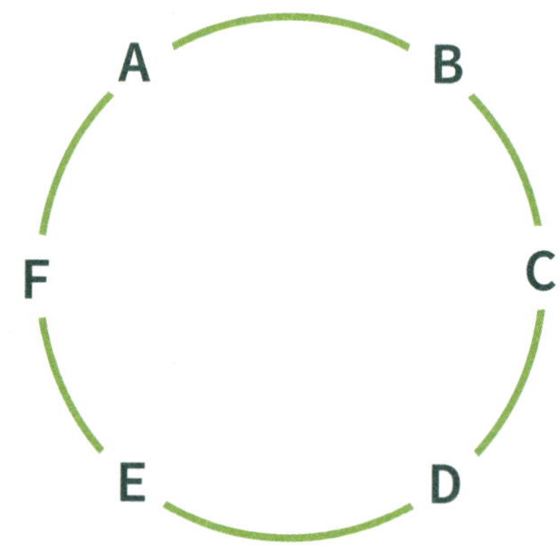

Die **Vollstruktur**: Sie bedeutet, dass jeder mit jedem kommuniziert. Es entsteht ein Netzwerk von Kommunikationskanälen, viele Informationen werden gegenseitig ausgetauscht. Vorteile dabei sind die Vielfalt und Lebendigkeit der Kommunikation. Jede und jeder kann sich beteiligen. So erhält man durch das Kommunikationsbild einen guten Einblick in die Kommunikationsstruktur und den partizipativen Austausch im Team. Nachteile sind, dass niemand mehr die Kontrolle hat und dieser Weg bei größeren Teams in einer chaotischen, nichtfunktionierenden Kommunikation enden kann.

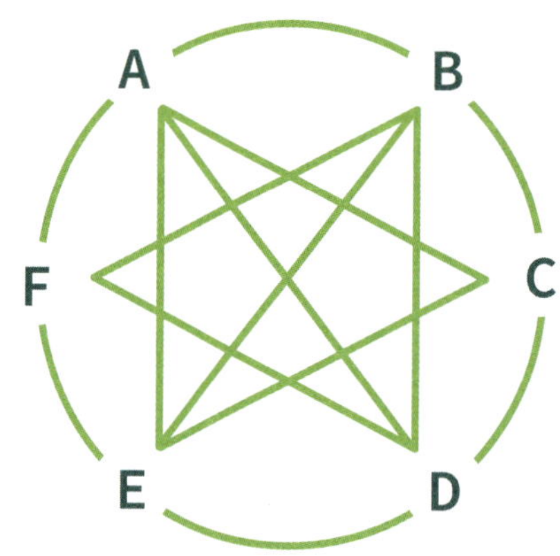

4.2 Kommunikationsstil und Kommunikationsfähigkeiten üben und pflegen

Nicht nur die Strukturen, sondern auch der Stil und die Kommunikationsfähigkeiten tragen viel zum gelingenden Austausch untereinander bei. Diesbezüglich sind die Fachkräfte oft gut ausgebildet, vergessen aber ebenso häufig, dass ihr Fachwissen zur Kommunikation nicht nur für die Gespräche mit Kindern und Eltern hilfreich, sondern auch zum Austausch im Team notwendig ist. Im Alltag geht das Fachwissen oft schnell wieder unter, da hilft nur Übung – sei es die Anwendung von Ich-Botschaften oder das aktive Zuhören, das Beachten von Feedbackregeln oder die Analyse, mit „welchem Ohr" die Botschaft entschlüsselt wird.

Man-Sätze und das „täterlose Passiv" vermeiden: „Den Garten müsste man aufräumen" oder „Der Garten müsste wieder einmal aufgeräumt werden" – Wer die Sache zum Subjekt macht, weicht jedem konkreten Appell aus und darf sich nicht wundern, wenn sich dann das Gegenüber nicht angesprochen fühlt.

Wir-Sätze reduzieren: „Wir sollten besser darauf achten" oder „Wir sollten netter miteinander umgehen" – Die Furcht vor Ich-Aussagen ist auch eine Flucht aus der Verantwortung. Kommunikation im Team kann auf diese Weise nicht gelingen. Jedes Teammitglied muss in die Verantwortung für ein gutes Miteinander gehen, das heißt, jeder ist verantwortlich für seine verbalen und nonverbalen Botschaften und genauso für achtsames Zuhören.

Ich-Botschaften bevorzugen: Überlegen Sie, ob Sie nicht besser eine Ich-Botschaft als eine Du-Botschaft an Ihre Kollegin geben wollen und welche Teile der Ich-Botschaft Sie dabei senden.

Die mehrteilige Ich-Botschaft

1. Beobachtung(en) ohne Bewertung ausdrücken
2. Eigene Gefühle und Bedürfnisse formulieren
3. Konsequenz, Folge mitteilen

Passives und aktives Zuhören: Entscheiden Sie bewusst in einer Situation, ob Sie passiv zuhören (oft eine gute Möglichkeit, wenn das Gegenüber einfach etwas loswerden will) oder das aktive Zuhören einsetzen, um so die Tür zu einem offenen und ehrlichen

Gespräch aufzumachen. Aktives Zuhören bedeutet, dass der Empfänger sich empathisch in die Gefühlswelt des Senders versetzt. Er formuliert die von ihm wahrgenommenen oder vermuteten Empfindungen und meldet diese als seine Wahrnehmung zurück an den Sender. Dabei fragt er nach, ob er die Intention des Senders richtig darstellt. Der Sender akzeptiert oder verbessert die Rückmeldung des Empfängers.

Wirkungsvoll wird das aktive Zuhören durch

- **Paraphrasierungen,** die die Sachaussage des anderen mit eigenen Worten wiedergeben: „Du schlägst also vor, das Sommerfest um eine Woche zu verschieben." So wird eine Rückversicherung möglich, ob die Aussage richtig verstanden wurde;
- **Verbalisierungen,** die den emotionalen Aspekt aus der Beziehungsebene in Worte fassen und damit dessen richtige Interpretation überprüfen: „Wenn ich dich richtig verstehe, bist du ärgerlich, weil ich dich deiner Meinung nach zu spät informiert habe." Es entsteht dadurch etwas Zeit zum Nachdenken über die Botschaft und deren Wirkung. Zudem verringert sich die Gefahr, auf Provokationen hereinzufallen. Die Kommunikation kann so verbessert werden.

Aktives Zuhören

- hilft dem Gesprächspartner bei der Klärung seines Problems und der Verarbeitung eigener Empfindungen,
- bewirkt beim Ratsuchenden, dass er sich verstanden und akzeptiert fühlt,
- schafft eine Vertrauensbasis zwischen den Gesprächspartnern,
- bedeutet nicht, dem Gegenüber Ratschläge zu erteilen,
- führt nicht immer zu einem Ergebnis – es geht auch nicht um Effizienz,
- darf nicht überstrapaziert werden – zu häufig angewendet, verliert es seine Wirkung.

Feedback und Feedbackregeln: Die Rückmeldungen beim aktiven Zuhören sind nicht mit dem Feedback innerhalb eines Gesprächs gleichzusetzen. Beim aktiven Zuhören bleiben Sie stets in der Empfindungswelt Ihres Gegenübers. Beim Feedback bringen Sie eigene Beobachtungen und Ihre subjektiven Wahrnehmungen ein.

Geben Sie achtsam Feedback an Ihre Kolleginnen und Kollegen; schauen Sie sich die folgenden Feedbackregeln an und entscheiden Sie, welche davon zu Ihrem Gespräch und Ihrem Gesprächspartner passen.

Regeln für das achtsame Feedback

- Es soll auch anerkennendes Feedback und nicht nur kritisches Feedback gegeben werden.
- Feedback soll möglichst unmittelbar erfolgen.
- Feedback soll den anderen nicht analysieren, sondern den subjektiven Eindruck des Feedbackgebers darstellen.
- Wahrnehmungen, Vermutungen und Gefühle müssen als solche bezeichnet und dürfen nicht verschlüsselt werden.
- Feedback muss sich konkret auf eine begrenzte Situation oder ein Verhalten beziehen und darf nicht verallgemeinert formuliert werden.
- Beachten Sie den Kontext: Feedback kann nur angenommen werden, wenn die Situation dem Empfänger das Zuhören ermöglicht.
- Der Geber benötigt eine offene Haltung: Der Empfänger muss das Feedback nicht annehmen!

4.3 Mit Kommunikationsmodellen dem Verstehen und Missverstehen auf die Spur kommen

Mit Kommunikationsmodellen versuchen Wissenschaftler seit Jahrzehnten, dem Prozess des Sprechens und Hörens, des Verstehens und Missverstehens auf die Spur zu kommen. Dabei hat sich das schlichte Sender-Empfänger-Modell bald als unzureichend erwiesen, um die komplexen Abläufe gelingender oder misslingender Kommunikation aufzuspüren. Bekannte Kommunikationsmodelle sind das „Vier-Seiten-Modell“, das Friedemann Schulz von Thun entwickelt hat und das auch als „Kommunikationsquadrat“ bezeichnet wird, sowie die fünf Axiome von Paul Watzlawick.

Das Kommunikationsquadrat

Schulz von Thun geht davon aus, dass **jeder Sprecher zugleich vier Botschaften übermittelt.** Meist dominiert eine Ebene, auf der der Sender die Botschaft losschickt, doch kann der Empfänger eine andere Ebene primär wahrnehmen.

- Die **Sachinformation** enthält nur die rein sachlichen Aussagen. Hier geht es um Daten, Fakten, Sachverhalte.
- Mit der **Selbstoffenbarung** gibt der Sender immer auch – bewusst oder unbewusst – etwas von sich preis.

- Der **Beziehungsaspekt** drückt die Beziehung des Sprechenden zur anderen Person aus. Hinweise darauf werden durch Formulierung, Tonfall, Mimik, Körperhaltung und Gestik vermittelt.
- Der **Appell** teilt mit, was der Sprechende bei der anderen Person mit seiner Aussage erreichen möchte. Wer etwas sagt, will in der Regel auch etwas erreichen: Zuwendung, Verhaltensänderung, Nähe oder Abstand.

Da jede dieser Botschaften die Kommunikation begleitet, kann es zwischen Sender und Empfänger zu erheblichen Missverständnissen kommen.

Beispiel, wie ein Missverständnis entstehen kann:
Die Leiterin Elisa sagt kurz vor Dienstschluss zur Erzieherin Britta, die gerade eine schwierige Eingewöhnung in der Krippengruppe begleitet: *„Wir müssen unbedingt an die Terminierung der Entwicklungsgespräche mit den Eltern in allen Gruppen denken."*

Britta hört auf dem **Appell-Ohr** „Du musst auch an die Entwicklungsgespräche denken, denn du hast nicht alle Aufgaben im Blick!" Sie antwortet etwas beleidigt: *„Im Moment ist mir die gelingende Eingewöhnung wichtiger."*

Elisa hatte keinerlei Absicht, Britta einen Vorwurf zu machen, sie wollte nur an diese Aufgabe allgemein erinnern und hätte gerne Britta als Unterstützung, dass dies nicht vergessen wird. Jetzt ist sie verwundert über diese für sie ablehnende Antwort. Mit ihrem **Appell-Ohr** hört Elisa „Du musst genauer hinschauen, denn du erkennst ja nicht mal, welche Aufgaben gerade von Bedeutung sind!". Deshalb antwortet sie: *„Das weiß ich auch, aber es gibt trotzdem noch mehr Aufgaben zu erledigen."*

Britta hört den Appell „Du sollst die anderen Aufgaben nicht vernachlässigen." Sie antwortet schnippisch: *„Jetzt gehe ich erst mal nach Hause und erhole mich, damit ich morgen alles erledigen kann, was du mit aufträgst."*

Beide sind jetzt etwas beleidigt, da sie sich von der Kollegin nicht verstanden und nicht wertgeschätzt fühlen.

Solche Aufschaukelungsprozesse können in der Kommunikation vermieden werden, wenn man darauf achtet, dass nicht nur das **„Appell-Ohr"** eingeschaltet werden kann und man durch einen wertschätzenden und achtsamen Perspektivenwechsel auch andere Botschaften hören kann.

Fachkräfte in sozialen Berufen haben meist besonders große Appell-Ohren. Die grundsätzliche Haltung sollte dabei von Empathie und Wertschätzung geprägt sein. Wirkungsvolle Kommunikation braucht (Be-)Achtung und muss immer wieder in Augenschein genommen werden.

Aufschlussreich sind hier die **fünf Axiome von Paul Watzlawick:**

1. **Man kann nicht nicht kommunizieren.** Es geht dabei keineswegs nur um Gespräche, sondern um die Einsicht, dass man permanent Botschaften aussendet, sobald ein anderer existiert, der diese aufnehmen kann. Auch das gezielte Ignorieren ist somit als Form der Kommunikation anzusehen, da es die Botschaft enthalten kann: „Ich will jetzt keinen Kontakt mit dir. Du bist mir jetzt nicht wichtig genug."
2. **Jede Kommunikation hat einen Inhalts- und einen Beziehungsaspekt, wobei letzterer den ersteren bestimmt.** Maßstab für den komplexeren Beziehungsaspekt ist die Frage, ob die Sachaussage anders wäre, wenn sie an eine andere Person gerichtet wäre. Die Aufforderung „Mach doch bitte mal den Maltisch sauber!" würde die Leitung vielleicht der Mitarbeiterin übermitteln, aber sicher nicht dem Trägervertreter. Die Beziehungsebene bestimmt also nicht nur, wie Sie mit jemandem sprechen, sondern auch worüber.
3. **Kommunikation ist immer Ursache und Wirkung.** Das heißt: Nicht nur unsere Kommunikation wird durch Beziehungen geprägt, sondern auch umgekehrt prägt die Kommunikation unsere Beziehungen. Auf einen Reiz folgt in der Regel eine Reaktion, also ein Verhalten, was einen Kreislauf aus Reizen und Reaktionen zur Folge hat.
4. **Kommunikation verläuft immer sowohl analog als auch digital.** Dabei steht „digital" für die verbale Kommunikation, die primär auf der Sachebene stattfindet, und „analog" für die nonverbalen Elemente, vorrangig auf der Beziehungsebene. Die Zuordnung der primären Funktion ist Teil der Interpretation: Das sprachlose Zeigen auf eine Tür kann ein Hinweis sein, wo sich der Ausgang befindet, aber auch die Forderung darstellen, endlich zu verschwinden.
5. **Kommunikation ist symmetrisch oder komplementär.** Dabei geht es um die Gleichheit oder Ungleichheit der Gesprächspartner. In der symmetrischen Kommunikation gehören beide derselben hierarchischen Ebene an oder sind als Teammitglieder gleich stark. Jeder Satz könnte von jeder Seite kommen, da sich beide auf Augenhöhe begegnen. Geschieht das respektvoll, ist es gut für das Team; verbirgt sich dahinter ein Konkurrenzkampf, wird es fatal.

Ein Modell der achtsamen Kommunikation ist das **Eisberg-Modell**, das mit Bezug auf Freuds Darstellung der Psyche (Ich, Es, Über-Ich) in vielen Varianten verwendet wird. Es geht davon aus, dass das Wesentliche unserer Kommunikation ungesagt und damit unsichtbar erfolgt. Wie bei einem Eisberg sind nur etwa 20 Prozent als Sachebene sichtbar, 80 Prozent sind unter der Oberfläche verborgen und stellen die Beziehungsebene dar. Die Unsichtbarkeit dieses wesentlichen Teils macht Kommunikation so kompliziert und enthält das Potenzial für Missverständnisse. Als Metapher eignet sich die Titanic, der unsichtbare Teil des Eisberges brachte das Schiff zum Kentern. Das heißt: Werden die Wirkungen der unsichtbaren Beziehungsebene nicht in das Gespräch mit einbezogen, kann die Kommunikation nur scheitern. So kann der Satz: „Ich habe jetzt keine Zeit, erkläre es dir aber morgen" in einer positiven Beziehung als Ankündigung verstanden werden, sich dem Gegenüber in Kürze mit mehr Zeit besonders intensiv zuwenden zu wollen; in einer Konfliktbeziehung kann er aber als Zurückweisung verstanden werden, weil eben anderes in diesem Moment wichtiger ist als die Kollegin.

Die Vorstellung, dass Befindlichkeiten auch das Kommunikationsverhalten beeinflussen, findet sich im **Riemann-Thomann-Modell** wieder (Mai 2021). Hier wird von vier komplementären Grundausrichtungen des Menschen ausgegangen: dem Bedürfnis nach Nähe (mit Kontakten, Harmonie und Geborgenheit) und nach Distanz (mit Individualität und Unabhängigkeit) sowie nach Dauer (zur Sicherung von Ordnung und eigener Kontrolle) und zugleich nach Wandel (also Abwechslung, Kreativität, Spontaneität). Dabei sind alle vier Bedürfnisse ständig potenziell vorhanden, aber nicht alle gleichermaßen aktiviert. Je nach den aktuell unterschiedlichen Gewichtungen sind entsprechende Bedürfnisse als Motivation für Befindlichkeit und Interaktion vorherrschend und prägen die Kommunikation.

4.4 Teamgespräch und Mitarbeitergespräche als gemeinsamer Gewinn

Die Vielzahl der Gesprächsanlässe in einer Kita macht deutlich, dass Kommunikation von zentraler Bedeutung für den Zusammenhalt und die Funktionsfähigkeit des Teams ist. Kommunikation stellt gerade für die pädagogischen Fachkräfte eine Schlüsselkompetenz dar. Neben den täglichen spontanen Gesprächen steht im Vordergrund meist das Teamgespräch, das bei den regelmäßigen Sitzungen stattfindet. Diese Gespräche brauchen Regeln, besser gesagt: Das Team sollte für sich Gesprächsregeln aufstellen.

Weitere Gesprächsanlässe sind **Mitarbeitergespräche**, die zumeist die Leitung führt. Dazu gehört das sogenannte **Jahresgespräch**; bei vielen Trägern handelt es sich dabei um ein Pflichtgespräch. Die Mitarbeitergespräche sind Entwicklungsgespräche – sowohl für jeden Mitarbeiter ganz individuell als auch für die Weiterentwicklung der Leitung in ihrer Funktion. Zu verstehen ist das Gespräch als Instrument der Personalentwicklung für die Qualität in der Kita. Die Frage nach der Arbeitszufriedenheit und nach Wünschen zur persönlichen und fachlichen Weiterentwicklung für die Zukunft steht dabei im Vordergrund. Hier geht es darum, die Einschätzungen von Leitung und Teammitgliedern miteinander zu vergleichen. Das trägt zur realistischen Selbsteinschätzung beider Seiten

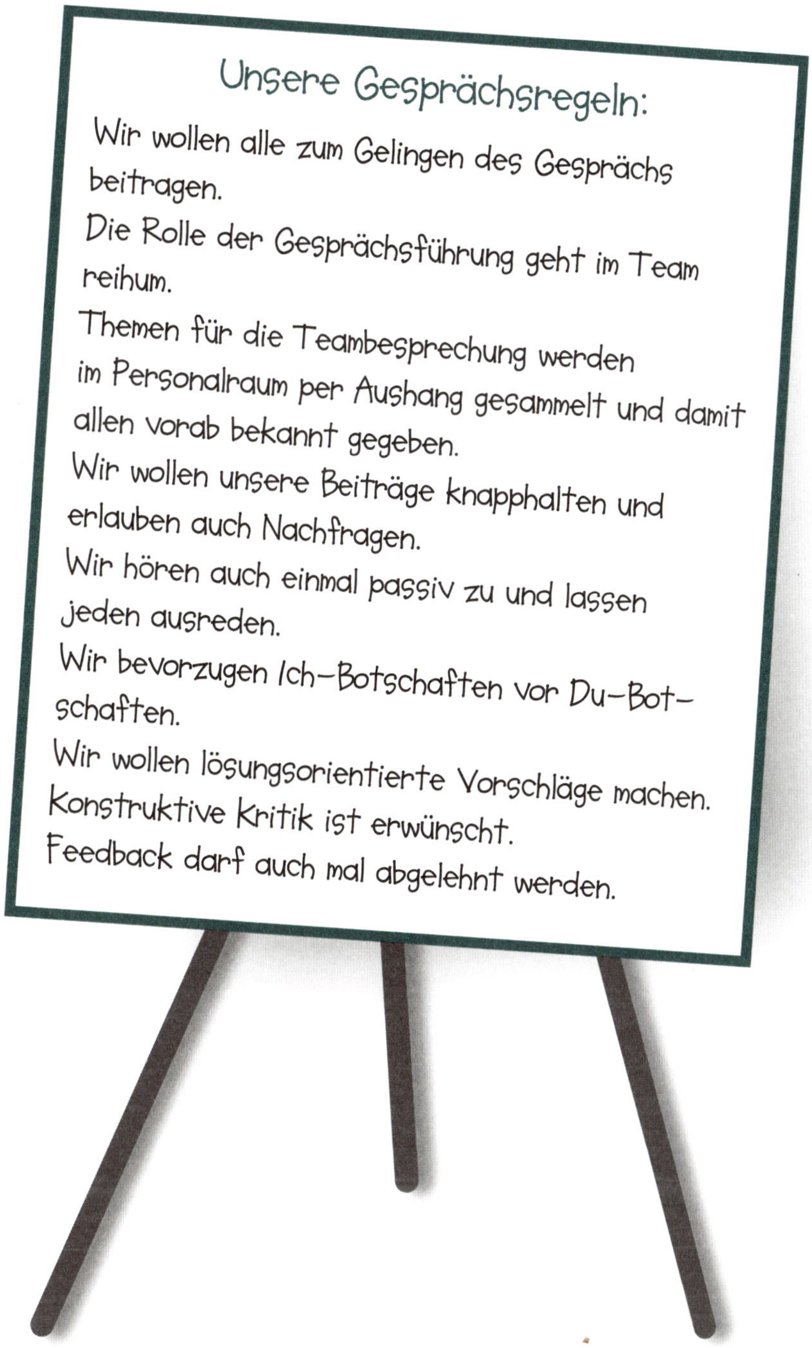

bei und hilft, versteckte Probleme der Zusammenarbeit gemeinsam zu erkennen und Wege zu deren künftiger Vermeidung zusammen festzulegen. Aber auch die Zufriedenheit mit der Zusammenarbeit im Team sollte hier Platz finden, genauso wie die Auseinandersetzung mit der Rolle und dem eigenen Beitrag zur Teambildung.

Ein Sonderfall ist das **Rückkehrgespräch**, das nach einer längeren Abwesenheit der Mitarbeiterin geführt werden sollte. Dabei geht es nicht nur um Informationen über zwischenzeitliche Veränderungen in Team und Einrichtung, sondern auch um die Frage nach dem Grund der Abwesenheit, der auch arbeitsbedingte psychische Aspekte beinhalten kann. Diese Erkenntnis kann zu Veränderungen im Team führen, um in der Zukunft kontraproduktive Verhaltens- und Handlungsweisen zu vermeiden.

Weitere individuelle Gespräche sind das **Kritikgespräch** und das **Anerkennungsgespräch**. Diese Gespräche sollten nicht allein als Aufgabe der Leitung gesehen werden, sondern können von anderen Kolleginnen und Kollegen anlassbezogen und situationsorientiert genauso geführt werden. In einem Team sollte es immer die Möglichkeit gegenseitiger Rückmeldungen geben. Erwartungen und Wahrnehmungen der einzelnen Teammitglieder, aber auch konstruktive Kritik sowie Lob und Anerkennung gehören selbstverständlich zur Teamkultur.

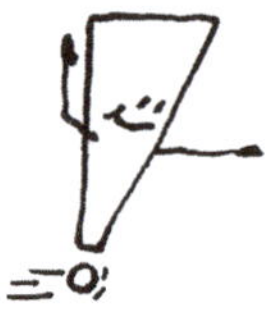

> **„Schweigen ist die unerträglichste Erwiderung.“**
>
> **Gilbert Keith Chesterton**

Die Art der Kommunikation prägt wesentlich den Zusammenhalt und die Arbeitsqualität eines Teams. Eines ist auf jeden Fall immer zu beachten: Der Empfänger gibt vor, welche Botschaft ankommt, der Sender kann nur hoffen, dass das dann seiner Absicht entspricht. Denn die Beziehungsebene bestimmt die Sachebene! Die Beziehungsqualitäten zwischen den Kolleginnen und den Kollegen bestimmen die Kommunikation, und die Kommunikation wirkt wiederum auf die Beziehung. So wird im Team Kommunikation zur kontextuellen Ko-Konstruktion: Die gemeinsame Deutung der Welt, der wirksame Austausch über die Sache werden positiv erlebt, wenn der Kontext miterfasst wird – also alle situationsbedingten Befindlichkeiten, prägende Erfahrungen und individuelle Eigenschaften. So trägt die Kommunikation wesentlich zur Teamkultur bei.

Reflexion zur Kommunikation im Team

- Wie schätze ich meine Kommunikationsfähigkeit ein?
- Gebe ich gerne Feedback?
- Erhalte ich gerne Feedback? Von wem?
- Wie würde ich mir ein Feedback wünschen?
- Wie erlebe ich den täglichen Austausch mit den Kolleginnen und Kollegen?
- Was wünsche ich mir, damit der Austausch (noch) besser gelingt?
- Werde ich im Team gehört?
- Höre ich den anderen gerne zu?
- Wodurch könnte die Kommunikation im Team verbessert werden? Welche Kommunikationsmodelle wenden wir an?
- Welche Fortbildung zum Thema „Kommunikation“ wünsche ich mir?

Vervollständigen Sie die folgenden Satzanfänge:

Das wichtigste Thema der letzten Teamsitzung war ....

....

Teamsitzungen sollten am besten stattfinden, wenn..

....

Für einen regelmäßigen Austausch wünsche ich mir ....

....

Ein gutes Gespräch im Team fand statt, als ich ....

....

Manchmal sage ich in der Teamsitzung nichts, weil ....

....

Ein wichtiges Thema, über das wir uns im Team unterhalten sollten, ist ....

....

....

Feedback im Team bedeutet für mich ....

....

4.5 Übungen zur Förderung der Kommunikation im Team

Üben Sie gemeinsam im Team. Kommunikation braucht Übung, Übung und noch einmal Übung. Nutzen Sie Spiele – so fällt das Üben leichter.

KREATIVE METHODEN

Flüsterpost: Infos gehen verloren

Spielen Sie doch einmal im Team das bekannte Spiel „Flüsterpost“. Dazu schicken Sie eine Nachricht los und benutzen die Kommunikationsstruktur „Kette“ (siehe S. 54).

1. Zur Einübung denken Sie sich abwechselnd **lange Wörter** aus und geben diese weiter.

`Donaudampfschifffahrtskapitän`

`Bundeskleinewelpenschutzprogramm`

`Mitternachtssternenhimmelatmosphäre`

2. Wenn alle ein herausforderndes Wort losgeschickt, die Ergebnisse zur gemeinsamen Belustigung beigetragen haben und die Teammitglieder zur Weiterarbeit bereit sind, dann stellen Sie einige **analysierende Fragen**. Zum Beispiel:

- Was kommt am Ende von dem losgeschickten Wort noch an?
- Was hat jedes einzelne Teammitglied verstanden und weitergegeben?
- Wer hat selbst das Wort mit eigenen Begriffen ergänzt?
- Ist der Sinn zum Unsinn geworden?

3. Für den nächsten Entwicklungsschritt im Team schicken Sie **lange Sätze** los.

`Der Wochenendstau ist meistens am Samstag unvermeidbar zum Schulferienbeginn in Rheinland-Pfalz.`

`Strukturierte Lernarrangements sind in situationsbedingter kontextueller Ko-Konstruktion unabdingbar.`

`Konfliktträchtige Gesprächsanlässe sind von fluchtartiger Vermeidungskompetenz am allermeisten betroffen.`

4. Gehen Sie nach dem Spiel gemeinsam in die Diskussion. Sammeln Sie zuerst **alle Gedanken, die im Team auftauchen,** denn oft sind das wichtige Hinweise für den Teamentwicklungsbedarf.

5. Setzen Sie sich dann mit **gezielten Fragestellungen** auseinander, zum Beispiel:
- Was von den losgeschickten Informationen kommt an?
- Wo geht etwas verloren?
- Kennen wir diesen Vorgang im Alltag unserer Team-Kommunikation?
- Was ist unser gemeinsames Ziel?
- Was wollen wir verbessern?
- Wie können wir das verbessern?
- Was ist unser nächster Schritt zur Förderung unserer Kommunikation?

6. Ein Kontrakt stellt die Verbindlichkeit für alle her: Vereinbaren Sie gemeinsam, welches Ziel bis wann und wodurch erreicht werden soll. Diese Vereinbarung sollte schriftlich festgehalten und von allen unterschrieben werden.

KREATIVE METHODEN

Bewegungsspiel: Wir haben einen Schatz!

Die **Rollen** umfassen eine Geheimnisträgerin, eine Schatzsucherin, alle anderen sind situative aktuelle Schatzbesitzer.

Sie brauchen einen Bewegungsraum mit genügend Platz für das Team und einen Schatz (Halbedelstein, Muggelstein oder gelber Baustein als „Goldstück"). Der Schatz darf nicht zu groß sein.

Alle Teilnehmer stellen sich im Kreis auf – „Wir sind ein Team!" Eine Kollegin ist die Geheimnisträgerin – „Das Geheimnis ist mein Schatz!" Sie steht innerhalb des Kreises. Eine andere Kollegin hat die Rolle der Schatzsucherin eingenommen – „Ich möchte das Geheimnis für alle offenlegen!" Sie stellt sich außerhalb des Kreises so auf, dass sie alle Beteiligten gut im Blick hat.

Die Geheimnisträgerin geht den Kreis ab und steckt unbemerkt den Schatz einer Kollegin zu, gibt ihr den Stein zum Beispiel in die Hand oder steckt ihn ihr in die Hosentasche. Diese Kollegin ist dann damit die aktuelle Schatzbesitzerin und gibt wieder ihrerseits den Stein schnell unbemerkt weiter. So kann jeder Teilnehmer zum aktuellen Schatzbesitzer werden.

Für Verwirrung sorgt, wenn die Geheimnisträgerin immer wieder einer Kollegin die Hand gibt oder so tut, als ob sie den Schatz jemandem in die Tasche stecken würde.

Alle Teilnehmerinnen und Teilnehmer sind dabei aufgefordert so zu tun, als ob sie den Schatz erhalten hätten und diesen schnellstens wieder weitergeben.

Die Kollegin, die gerne für Transparenz und Offenheit im Team sorgen möchte, ist die Schatzsucherin. Sobald sie den Schatz entdeckt hat, ruft sie den Namen der aktuellen Schatzbesitzerin. Das Geheimnis ist damit aufgedeckt!

Das Spiel kann mehrmals mit wechselnden Rollen wiederholt werden. Ein weiterer Schwierigkeitsgrad wird eingebaut, wenn sich alle bei diesem Spiel im Raum bewegen. Je schneller durcheinandergelaufen wird, desto schwieriger ist es, für Transparenz zu sorgen.

Anschließende Diskussion auf der Meta-Ebene

- Wie hat sich jede und jeder bei diesem Spiel gefühlt? Zum Beispiel: „Fand es sehr lustig" – „Wollte gerne den Schatz behalten" – „Fand es blöd, weil ich nie den Schatz bekommen habe" – „War verunsichert, wie ich mich verhalten soll" – „Wusste nicht so recht, wem ich den Schatz als nächstes geben soll" – „Hab mit der Zeit nicht mehr durchgeblickt" – „War als Schatzsucherin ziemlich alleine".
- Was passiert in unserem Team, wenn Geheimnisse unterwegs sind, wenn manche von uns eine Information haben und manche nicht?
- Wie viel Offenheit und Transparenz sind vorhanden, wenn ein ungeregeltes Durcheinander herrscht?
- Was können wir tun, damit wir alle den „Schatz" besitzen?

Die gemeinsame Diskussion über Transparenz und Offenheit kann auch zeigen, ob sich jemand ausgeschlossen fühlt. Manchmal wird dabei klar, warum bestimmte Aufgaben nicht erfüllt werden, warum manchmal die Arbeitszufriedenheit leidet. Hier kann das Team sich gemeinsam auf den Weg zu erfolgreicheren Kommunikationsstrukturen machen.

KREATIVE METHODEN

Der Empfänger bestimmt die Botschaft: Schalten Sie mal Ihr Appell-Ohr aus!

Diskutieren Sie im Team folgende Aussagen:

- „Pausen müssen als Pausen genommen werden."
- „Die Konzeption sollte mal wieder überarbeitet werden."
- „Die Zusammenarbeit mit der Lese-Oma kann noch verbessert werden."

- „Der Elternbeirat hat Wünsche angemeldet."
- „Die Planung des nächsten Klausurtages steht an."
- „Die Kaffeekanne ist leer."

Was haben Sie gehört? Wie gehen Sie mit der jeweiligen Aussage um? Was folgern Sie daraus für sich oder für das Team? Wer war wieder mal mit seinem Appell-Ohr ganz hellhörig?

Versuchen Sie gemeinsam die **Zuordnung zu den verschiedenen „Ohren".**
Sachebene: Welche reine Information kann ich hier hören?
Selbstoffenbarung: Was erfahre ich hier über den Sender? Was sagt dieser über sich mit seiner Botschaft aus?
Beziehungsebene: Welche Art von Beziehung steckt dahinter? Welche Hierarchie höre ich heraus?
Appellebene: Welche Aufforderung höre ich? Entnehme ich hier einen Auftrag? Hört sich dies für mich als Kritik an?

Und diskutieren Sie im Team:

- Welchen Unterschied macht es aus, mit welchem „Ohr" ich eine Nachricht entschlüssele?
- Werden die Botschaften dann unterschiedlich verstanden?
- Welche Nachricht kann ich nur mit dem Appell-Ohr heraushören?
- Wodurch kommt es eher zu einer Entspannung im Team?
- An welchem Aspekt wollen wir gemeinsam weiterarbeiten?
- Was haben wir durch diese Übung für unser Team gewonnen?

Diese Übung braucht Zeit und eine vertrauensvolle Atmosphäre im Team. Hier geht es nicht darum, wer das Kommunikationsmodell am besten gelernt hat. Niemand bekommt hier eine Note für eine Leistung. Im Gegenteil: Nur gemeinsam kann die Qualität der Kommunikation weiterentwickelt werden und als Stärke in die tägliche Arbeit einfließen.

KREATIVE METHODEN

Nonverbale Kommunikation: Pantomime

Intention: Diese Übung eignet sich besonders, um auch die Mimik bei den Team-Kollegen richtig deuten zu können.
Material: Genügend bunte Kärtchen für alle im Team, auf der Rückseite steht jeweils ein Begriff, am besten aus dem Gefühlsbereich – zum Beispiel:

ratlos	zufrieden	erfreut	glücklich
verzweifelt	verärgert	erstaunt	erleichtert

Die verschiedenen Begriffe liegen als umgedrehte, verdeckte Kärtchen auf dem Tisch. Jedes Teammitglied nimmt ein Kärtchen und liest den Begriff darauf für sich. Bitte nicht laut vorlesen und niemanden den Begriff lesen lassen!

Der Reihe nach stellt jetzt jedes Teammitglied diesen Begriff pantomimisch dar – also nur mithilfe von Mimik und Gestik.

Die anderen Kolleginnen und Kollegen raten, um welches Wort es sich handelt. Sobald der Begriff erraten wurde, wird das jeweilige Kärtchen offen in die Mitte des Tisches gelegt. Das nächste Teammitglied ist an der Reihe.

Diese Übung schafft eine gute Teamatmosphäre, gleichzeitig wird gelernt, die Mimik der anderen einzuschätzen und die nonverbale Kommunikation positiv wahrzunehmen.

KREATIVE METHODEN

Teamgespräche professionell gestalten

Im Vorfeld

- Ein geeigneter Raum wird festgelegt und vorbereitet (Sitzordnung, Material ...).
- Termin und Zeitraum werden bestimmt und bekannt gegeben.

- Die Rollen und Aufgaben werden verteilt: Gesprächsleitung, Protokollführung, Themengeberin, Fallvorstellung, Vorbereitungsaufgaben.

Zur Begrüßung

- findet ein Ritual statt, zum Beispiel ein Blitzlicht zur Eingangsfrage;
- Thema und Ziel, um was es heute geht, werden transparent dargestellt.

Geregelter Gesprächsverlauf

Die **Gesprächsregeln** sind gemeinsam erarbeitet und festgelegt sowie für jeden Beteiligten verbindlich.
Die **Gesprächsleitung** ist die Wächterin der Regeln sowie der Zeit, achtet auf jeden Teilnehmer und führt durch das Teamgespräch.
Alle **Teammitglieder** beteiligen sich am Thema und bringen sich ein; sie achten auch darauf, dass alle beim Thema bleiben. Absolutes No-Go: „Es wurde zwar schon alles gesagt, aber noch nicht von jedem!" (frei nach Karl Valentin)
Zu den **Methoden** gehören: Inputgeben, Vortrag, gemeinsames Erarbeiten, Diskussion, Ergebnisse festhalten, Moderationsmethoden, kreative Methoden, erlebnispädagogische Methoden genauso wie Spiele, Fantasiereisen, Geschichten, Metaphern, Bewegung.

Zum Abschluss

Auf der Meta-Ebene: „Wie ging es mir heute in der Teamsitzung?" = kurzer Abschluss, wobei alle Beteiligten noch einmal zu Wort kommen
Schlussbemerkung: „Was ich noch zu sagen hätte ..." = kein Gedanke soll verloren gehen
Bewertung: Das gemeinsame Ergebnis wird zum Beispiel anhand von Punkten auf einem Plakat oder mithilfe von Kugeln in einer Schüssel bewertet = das erzielte Ergebnis wird nochmals gemeinsam verdeutlicht

und/oder

Abschlussritual: Wettermassage o. ä., gemeinsames lautes „Tschüss", um das Ende zu verdeutlichen = Entspannung und Auflockerung
Transition: Jeder teilt mit, wohin er jetzt geht und welcher Aufgabe er sich dann zuwendet
Vertraute, wohlwollende Verabschiedung, wenn hiermit der Arbeitstag beendet wird

5 Davon geht die Welt nicht unter! Konflikte als Chance der Teamentwicklung

Eine Erzieherin beobachtet im Hof zwei Jungen, die beide mit dem Bagger im Sandkasten spielen wollen. Sie zerren am Spielzeug, beschimpfen sich gegenseitig und bewerfen sich mit Sand. Die Erzieherin überlegt zum einen, ob sie einschreiten soll und den Konflikt auflösen kann, wenn sie auf ein gemeinsames Spiel abzielt. Zum anderen erwägt sie im Sinne der fachlich pädagogischen Zielrichtung der Konfliktkompetenz, erst einmal abzuwarten, ob die Jungen selbstständig den Konflikt lösen. Einschreiten wird sie dann erst bei einer für die Kinder ausweglosen Situation, um ihre Unterstützung zur Klärung anbieten.
Solche oder ähnliche Situationen gibt es zuhauf in der Kita, Konflikte gehören zum Alltag. Erzieherinnen und Erzieher können damit umgehen. Aber wie steht es um Konflikte innerhalb des Teams?

Konflikte sind keine vermeidbaren Ausnahmesituationen, sondern ein normaler, sogar notwendiger Teil des beruflichen Lebens. Von Konflikten „geht die Welt nicht unter“, im Gegenteil: Konflikte werden in einem funktionierenden Team geradezu gebraucht. Eine Beschäftigung mit diesem Thema kann also nicht zum Ziel haben, Konflikte zu vermeiden, sondern sinnvoll, kreativ und förderlich mit ihnen umzugehen. Auch kann durch eine positive Fehlerkultur die Konfliktkompetenz im Team gestärkt werden.

Soziale Konflikte bestehen immer dann, „wenn sich Interessengegensätze mehrerer Parteien durch nicht vereinbare Handlungen manifestieren" (Jost 1999, S. 12). Gute Beziehungen im Team bedeuten nicht, dass man sich auch immer gut versteht, dass es nie Konflikte gibt, sondern man immer wieder einen Weg zueinander findet.

Konflikte zeigen sich in der Interaktion von Personen oder Gruppen, und nicht alle Konflikte werden von außen gesehen. Auffällig werden sie, wenn das Handeln der einen Seite von der anderen Seite als Störung der eigenen Aktionen empfunden wird. Erst die erlebte Beeinträchtigung des eigenen Handelns wird als Konflikt wahrgenommen und löst dann meist die Suche nach den Motiven der anderen Seite aus, der die Schuld zugeschrieben wird.

5.1 Mögliche Konfliktursachen im Kita-Team

Die unterschiedlichen individuellen Profile, Erfahrungen, Erwartungen und Bedürfnisse ebenso wie die Rollen, die die Mitglieder innerhalb ihres Teams wahrnehmen, enthalten reichlich Konfliktpotenzial. Bei all den vielfältigen Interaktionen ist es nicht nur möglich, sondern hochgradig wahrscheinlich, dass das Verhalten anderer manchmal als Störung der eigenen Intentionen, Werturteile und Verhaltensweisen und damit als Konflikt erlebt wird.

Häufige Ursachen für Konflikte in der Kita

- Vereinbarungen im Team werden nicht eingehalten.
- Das Team bewegt sich nicht von der Stelle, weil immer wieder neue Bedenken auftauchen („Das klappt doch nie!").
- Konkurrenz zwischen einzelnen Teammitgliedern überlagert die Kooperation („Du willst immer die Beste sein!").
- Organisatorisches braucht zu viel Zeit und blockiert so die inhaltliche Arbeit.
- Impulse und Ideen kommen immer von denselben Kolleginnen.
- Im Team mangelt es an Solidarität („Mich können die nicht meinen!").
- Teammitglieder vergreifen sich im Ton. Aggression überlagert den sachlichen Austausch.
- Das Verhalten der Leitung oder einzelner Teammitglieder wird als ungerecht empfunden („Warum immer nur du?").
- Ein Teammitglied agiert als heimliche Leitung, destabilisiert die Führung und strebt eine herausgehobene Rolle an.

(Kelch 2009, S. 5)

Ergänzen lässt sich diese Liste noch mit Blick auf individuelle Unterschiede in der (Be-)Wertung des „richtigen" pädagogischen Handelns. Dabei werden Konflikte oft nicht offen ausgesprochen und stauen sich auf. Unterschwellig sind sie spürbar und verhindern die Arbeitszufriedenheit aller. Können die Störungen nicht mehr verdrängt werden, tauchen sie an anderer Stelle auf, und die Teamkonflikte werden öffentlich ausgetragen.

5.2 Konflikte als positiver Bestandteil der Teamentwicklung

Keine Konfliktsituation ist dadurch vermeidbar, dass man sie als Störung von Team und Organisation ablehnt. Vielmehr kommt es darauf an, die Chancen zu entdecken, die darin enthalten sind. Diese Chancen gibt es, weil „Konfliktparteien in der Regel sowohl konkurrierende als auch kooperative Interessen" verfolgen (Jost 1999, S. 37). Jost spricht gar von Konflikten, „die dem Organisationsziel förderlich sind, die daher erwünscht sind, sogenannte funktionale Konflikte" (ebd.). Eine Funktion von Konflikten besteht darin, dass dadurch Handlungsbedarf angezeigt wird. Das Team muss hier etwas bearbeiten, um sich im positiven Sinne weiterzuentwickeln.

Glasl (2020, S. 339) geht noch einen Schritt weiter und meint, es könne sogar nützlich sein, „den Konflikt ‚aufzustauen', d. h. durch eskalierende Maßnahmen noch zu steigern, anstatt die Fassade zu wahren, durch die unausgesprochene Vereinbarung zwischen den Parteien, so zu tun, als wäre alles gar nicht so schlimm". Denn die Gefahr dieser Vereinbarung besteht darin, dass so der Konflikt nicht gelöst, sondern nur weiter verschoben wird.

Ein Team braucht den gemeinsamen Willen, die gesetzten Ziele zu erreichen. Dazu gehört das Wissen, dass dies unter Anstrengung geschieht und jeder motiviert seine Aufgaben erfüllt. Gegenseitige Wertschätzung und Vertrauen zueinander tragen dabei wesentlich zum Erfolg bei. Wir sollten immer davon ausgehen, „dass jedes Verhalten einen guten Grund hat. Verstehen wir den Grund bzw. das Bedürfnis hinter einem Verhalten, so können wir es gemeinsam verändern, sodass niemand inakzeptabel beeinträchtigt oder verletzt wird" (Sasse 2023, S. 77). Sasse verweist dabei auf den Leitsatz „Verstehen, aber nicht einverstanden sein" aus der Gewaltfreien Kommunikation. Freilich heißt verstehen nicht, dass man mit allem einverstanden ist. Deshalb schließen sich Verstehen und Konflikte nicht aus.

Konflikte entstehen, wenn in den Arbeitsprozessen Störungen auftauchen. Diese Störungen sind „Zeiger" der notwendigen Teamentwicklung; gemeinsamer Handlungsbedarf wird deutlich. Manchmal genügt es, die Rahmenbedingungen zu ändern; im Team werden dann notwendige Maßnahmen getroffen, Aufgaben neu verteilt, Teilschritte vereinbart, Unterstützung gegeben. Doch gibt es Konflikte, die nicht so einfach handhabbar sind, meistens, wenn sich jemand persönlich angegriffen fühlt. Aber auch diese Probleme müssen beachtet und bearbeitet werden. Nutzen Sie die Chance der gemeinsamen Weiterentwicklung im Team!

Konflikte sind grundsätzlich positiv zu bewerten, denn sie
- bilden Teamprozesse ab,
- zeigen Handlungsbedarf,
- verdeutlichen Probleme und Störungen,
- stärken die Motivation zur Veränderung,
- fordern Kreativität heraus,
- verlangen nach Reflexionsfähigkeit,
- ermöglichen Selbstwirksamkeit und Kompetenzerleben,
- verstärken resiliente Kompetenzen,
- vertiefen zwischenmenschliche Beziehungen,
- bringen das Team gemeinsam weiter.

5.3 Konfliktfähigkeit und Konfliktbearbeitung im Team

Angesichts einer positiven Konfliktbetrachtung ist es notwendig, nicht nur die Konfliktursachen, sondern auch die Konfliktfähigkeit der Teammitglieder zu reflektieren. Dabei ist grundsätzlich davon auszugehen, dass jede Konfliktpartei nicht die Störung der Organisation oder den Kampf gegen andere als eigentlichen Zweck verfolgt, sondern das, was sie für ihre legitimen Interessen hält oder für ihre Bedürfnisse einfordern möchte. **Vier Gesprächstypen** oder Bedürfniswächter lassen sich dabei identifizieren:

- der **Durchsetzungsstarke**, der mit Ungeduld auf Effizienz drängt
- der **Sicherheitsbedachte**, der sein Verhalten gerne durch Daten und Fakten gestützt sehen will
- der **Beziehungsorientierte**, dem eine gute Atmosphäre wichtiger ist als eine bestimmte Position zu vertreten
- der **Kreative**, der immer Neues ausprobieren will und andere damit leicht verärgern kann

Wo diese Gesprächstypen zusammenkommen – und sie dürften in nahezu allen Teams vertreten sein –, sind Konflikte unausbleiblich. Umso wichtiger ist die Fähigkeit, damit umgehen zu können (Sasse 2023, S. 135 f.).

Konfliktfähigkeit zeigt sich im ersten Impuls, mit auftauchenden Konflikten umzugehen:

Rückzug erfordert die Bereitschaft, die Ungewissheit auszuhalten, ob sich der Konflikt auflöst.
Nachgeben erfordert die Bereitschaft, zu verlieren, und das Verlieren-Können muss wiederum verarbeitet werden.
Durchsetzen erfordert die Bereitschaft, zu akzeptieren, dass ein neuer Konflikt entstehen kann, weil der andere verliert.
Kompromiss erfordert die Bereitschaft, andere Vorstellungen zu tolerieren und selbst nachzugeben.

Ziel sollte sein, dass alle im Team bereit sind, auftauchende Konflikte nicht zu negieren, sondern gemeinsam zu bearbeiten. Dies geschieht in Kooperation – je nach Rolle und Funktion – durch den Einsatz der individuellen Stärken und Ressourcen. Diese Vorgehensweise ist zweifellos anstrengend und zeitintensiv, aber es lohnt sich.

Unterstützend dabei ist ein partizipativer Umgang miteinander und eine von gegenseitiger Wertschätzung getragene, lösungsorientierte Gesprächskultur. Unterschiedliche Erfahrungen, Erwartungen und individuelle Prägungen können im Vorfeld von Störungen so aufeinander abgestimmt werden, dass dann unvermeidliche Konflikte nicht zum Zerbrechen des Teams führen, sondern zu dessen Stärkung beitragen. Die Einrichtungsleitung sollte in Absprache mit dem Team Wege der Konfliktbearbeitung suchen und festlegen. Doch manchmal muss der Träger eingeschaltet werden, um klare Grenzen zu bestimmen. Auch Unterstützung von außen kann bei Bedarf hinzugezogen werden. Coaching, Mediation und Supervision sind Instrumente zur positiven Teamentwicklung, die die Bearbeitung von Konflikten oft erst ermöglichen. Auch dies muss vom Träger genehmigt und bezahlt werden.

Meist wird die Leitung Konfliktgespräche führen, doch kann sie diese Aufgabe auch delegieren. Betroffene Teammitglieder können sich ebenfalls bereit erklären, selbst tätig zu werden, und ein klärendes Gespräch suchen. Möglich ist auch, dass ein Klima positiver Konfliktbeachtung und offener Fehlerkultur im Team herrscht und es zum normalen Umgang miteinander gehört, klärende Gespräche zu führen.

5.4 Regeln für Konfliktgespräche

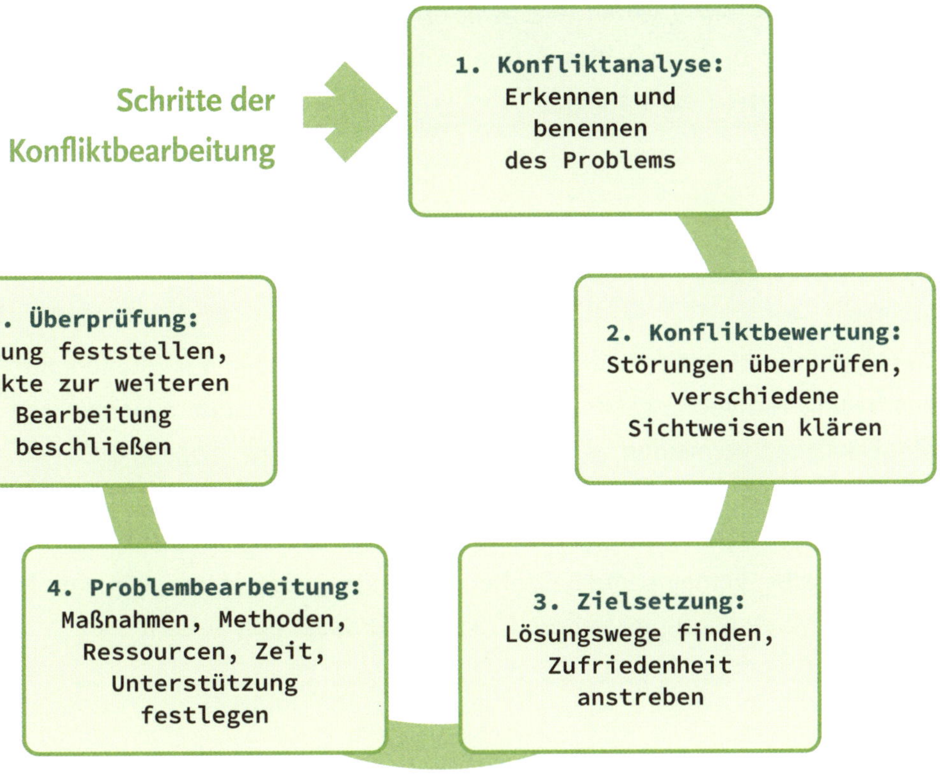

Für Konfliktgespräche ist eine gründliche Vorbereitung erforderlich. Teilen Sie dem anderen offen mit, dass Sie ein Gespräch möchten und was der Anlass dazu ist. Funktion und Rolle der Gesprächspartner sollten dabei geklärt sein. Konzentrieren Sie sich auf einen Konfliktbereich. Ein Netz lässt sich nur Knoten für Knoten auflösen. Versuchen Sie nicht, einen Konflikt zu gewinnen, sondern seine Ursachen zu entdecken und ihn zu lösen:

- Eröffnen Sie das Gespräch möglichst mit einem positiven Einstieg.
- Teilen Sie Ihrem Gegenüber mit, was Sie mit dem Gespräch erreichen wollen. Geben Sie dem anderen Gelegenheit, seine Erwartungen zu äußern.
- Achten Sie auf eine Ausgewogenheit der Sprechanteile. Auch Konfliktgespräche sind ein Dialog, keine einseitige Mitteilung von Erwartungen, die der andere mehr oder weniger widerspruchsfrei „abnicken" soll. Zuhören ist ebenso wichtig wie sprechen.
- Suchen Sie nicht nach einem Schuldigen in der Vergangenheit, sondern nach Lösungen in der Gegenwart für die Zukunft. Dazu müssen die Konfliktpunkte klar und deutlich angesprochen werden. Ein freundlicher Ton und eine klare Position oder Botschaft sind kein Widerspruch.
- Es gibt immer mehrere Lösungswege. Versteifen Sie sich nicht auf „Ihren" als den einzig richtigen. Machbare Lösungen werden von beiden Seiten eingebracht.

- Fassen Sie am Ende des Gesprächs die wesentlichen Ergebnisse und Vereinbarungen zusammen und holen Sie dazu eine Rückmeldung ein.
- Bei komplexeren Themen empfiehlt es sich, die wichtigsten Ergebnisse schriftlich festzuhalten und von beiden Partner unterzeichnen zu lassen, um die Verbindlichkeit des Vereinbarten zu stärken.

Grundlegendes zum Konfliktgespräch

Gesprächssituation: Vertraulichkeit sichern und Störungen ausschalten, nur ein Thema bearbeiten, Verhandlungsbereitschaft und Offenheit für andere Sichtweisen signalisieren, Eskalation vermeiden
Kommunikation: Feedbackregeln beachten, Ich-Botschaften statt Du-Botschaften und aktives Zuhören anwenden, Fachwissen über Kommunikationstechniken nutzen
Lösungssuche: gemeinsame Basis herausarbeiten, Ziele klären, konkrete Maßnahmen festlegen, Vereinbarungen treffen, Grad der Zufriedenheit äußern

---

Konflikte können in der Hauptsache bearbeitet werden. Dazu ist sowohl fachliches Wissen als auch die Fähigkeit zur praktischen Anwendung notwendig. Wahrscheinlich sind diese Kompetenzen nicht bei allen Teammitgliedern gleichermaßen vorhanden. Hier sollte das Team zusammenarbeiten und sich gegenseitig unterstützen. Zuerst muss immer geklärt werden, ob jede Störung gleich zu einem Konflikt führt. Mit der Neigung, mächtige Begriffe inflationär anzuwenden, wird oft der Teamfriede unnötig beeinträchtigt. Nicht jede humorig gemeinte Bemerkung ist gleich als Mobbing zu betrachten und nicht jede ungeschickte Äußerung ist gleich ein Angriff. Also: Zuerst einmal durchatmen, vielleicht ist der Hinweis, dass mehr Achtsamkeit im Umgang miteinander gewünscht wird, schon ausreichend. Kommunikation ist als aktive Ko-Konstruktion zu betrachten, und damit liegen Veränderungen auch immer in der Hand jedes einzelnen Teammitglieds.

Und doch: Nicht jeder Konflikt lässt sich lösen. Manchmal ist die Situation so unhaltbar geworden, dass Rettungsmanöver nicht mehr greifen. Manchmal stimmt das Verhältnis nicht, dann muss gegebenenfalls eine Trennung in Betracht gezogen werden. Manchmal ist die Versetzung in eine andere Einrichtung oder gar die Kündigung die einzige Möglichkeit, einen Konflikt aufzulösen und Schaden vom Team abzuwenden.

> **„Auch aus Steinen, die einem in den Weg gelegt werden, kann man Schönes bauen.“**
> **Johann Wolfgang von Goethe**

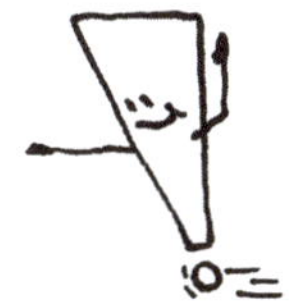

Bei Konflikten sind Denk- und Kommunikationsfehler an der Tagesordnung. Unser Gegenüber ist nicht unser Gegner, sondern unsere Kollegin oder unser Kollege. Die richtige Einschätzung von Potenzial, Rollen und Individualität ist mindestens so wichtig wie die Suche nach Konfliktlösungen. Eine **positive Fehlerkultur** im Team ist dazu unerlässlich. Das bedeutet: Es herrscht Akzeptanz, dass Fehler passieren können und diese offen angesprochen werden. Dadurch werden Lernprozesse und Weiterentwicklung möglich. Die gemeinsame Aufgabe der Fehlerbearbeitung und -behebung kann auch als konstruktives Fehlermanagement bezeichnet werden und ist damit Teil der Problemlösekompetenz des Teams und eines motivierenden Arbeitsklimas.

Betrachten Sie Ihre Konfliktfähigkeit

- Wie beschreiben Sie die Fehlerkultur in Ihrem Team?
- Welche Erfahrungen haben Sie mit Konflikten gemacht?
- Was ist der erste Impuls, wenn Sie einem Problem mit anderen begegnen?
- Können Sie die Perspektive eines Teamkollegen im Gespräch einnehmen?
- Erwarten Sie, dass die Einrichtungsleitung Teamkonflikte löst?
- Können Sie selbst Probleme im Team offen ansprechen?

Reflexive Fragen zur Konfliktlösung

- Woran erkenne ich den Konflikt?
- Wer ist beteiligt?
- Welche Störungen oder Probleme entstehen daraus?
- Welche Lösungen fallen mir dazu ein?
- Welche Bedingungen brauche ich, um zur Lösung beitragen zu können?
- Welche Schritte gehe ich, um die Bearbeitung des Konfliktes zu unterstützen?
- Wie soll die gelöste Situation aussehen?

Vervollständigen Sie die folgenden Satzanfänge:

Als Kind habe ich bei einem Streit ....

....

....

Wenn ich Kinder bei einem Streit beobachte, dann ....

....

....

Wenn mir jemand aggressiv begegnet, dann bedeutet das für mich ....

....

....

Wenn im Team ein Konflikt auftaucht, dann ....

....

....

Ein Konflikt ist für mich beendet, wenn ....

....

....

Positiv an einem Konflikt in unserem Team ist, dass ....

....

....

5.5 Übungen zum Konfliktmanagement im Team

Es gibt viele Methoden, die Sie dabei unterstützen, gemeinsam Konflikte und Probleme im Team zu bearbeiten. Probieren Sie verschiedene Modelle und Wege aus. Sie finden sicherlich das passende Konfliktmanagement für Ihr Team.

KREATIVE METHODEN

Konfliktmanagement: das KULT-Modell

Das KULT-Modell beinhaltet vier Schritte:

K (Klärung) = Wie wird der Konflikt erlebt?

U (Ursachen) = Was hat zum Konflikt geführt?

L (Lösung) = Welche Lösungswege sind möglich?

T (Transfer) = Wie wird die Lösung praktisch umgesetzt?

K = Klärung: Klären Sie zuerst, worin der Konflikt besteht und wie er von den Beteiligten wahrgenommen wird. Hier können unterschiedliche Wahrnehmungen auftauchen.
U = Ursachen: Die Analyse unterschiedlicher Wahrnehmungen und Einschätzungen der Situation gibt Hinweise auf die Konfliktentstehung.
L = Lösung: Hier sollen unterschiedliche Wege zur Auflösung des Konfliktes erarbeitet werden. Wünsche und dahinterstehende Bedürfnisse erfordern eine Bearbeitung, die jeden Beteiligten in seiner Emotionalität ernst nimmt. Der gewählte Lösungsansatz sollte eine Win-win-Situation zum Ziel haben.
T = Transfer: Für die praktische Umsetzung müssen konkrete Schritte und Maßnahmen geplant und festgelegt werden. Eine Überprüfung der Umsetzung hinsichtlich der Zielerreichung ist erforderlich, um den Konflikt aufzulösen.

Die vier Schritte des KULT-Modells werden am besten von einer neutralen Kollegin oder einem neutralen Kollegen moderiert. Die moderierende Person braucht die Akzeptanz und das Vertrauen der Gruppe. Diese Aufgabe kann die Leitung übernehmen, aber auch eine andere kompetente Fachkraft kann gerne in diese Rolle schlüpfen.

Konfliktmanagement: der methodische Sechserschritt

Legen Sie gemeinsam im Team anhand des „Methodischen Sechserschrittes“ den Weg zur Konfliktlösung fest.

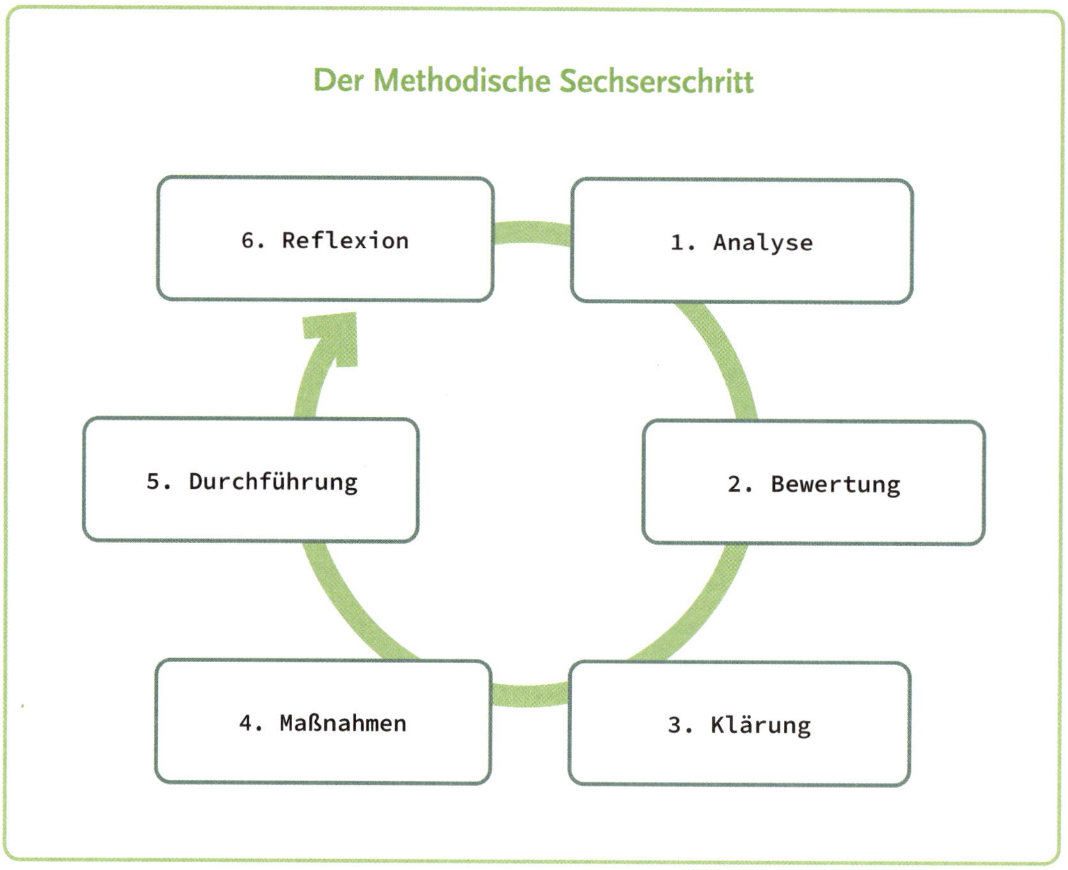

Unsere Schritte zur Konfliktlösung

1. Analyse: Das Problem erkennen und benennen

Fragen dazu:

- Ist das Problem ein Problem?
- Für wen ist es ein Problem?
- Gibt es dadurch eine Störung im Team?
- Wie sieht das Problem konkret aus?

2. Bewertung: Sichtweisen auf das Problem prüfen

Fragen dazu:

- Wie sehen die Einzelnen das Problem?
- Gibt es unterschiedliche Aspekte?
- Welche Störungen treten auf?
- Wie sieht die Situation nach einem Perspektivenwechsel aus?

3. Klärung: Entscheidung zur Problemlösung

Fragen dazu:

- Welche Lösungswege gibt es?
- Wer möchte eine Lösung haben?
- Wer profitiert bei einer Lösung?
- Wie viel Zufriedenheit kann erreicht werden?

4. Maßnahmen: Bearbeitung des Problems

Fragen dazu:

- Was muss konkret erledigt werden?
- Welche Schwierigkeiten müssen zuerst beseitigt werden?
- Welche Zeit steht zur Verfügung?
- Wer macht was bis wann?

5. Durchführung: Lösung des Problems

Fragen dazu:

- Bin ich motiviert, zur Lösung beizutragen?
- Kenne ich meine Aufgabe, die zur Lösung beiträgt?
- Brauche ich noch Informationen?
- Brauche ich Unterstützung?

6. Reflexion: Einzelne Meinungen einholen

Fragen dazu:

- Ist das Problem meiner Meinung nach gelöst?
- Gibt es noch „Reste“, die zu bearbeiten sind?
- Bin ich mit der Lösung zufrieden?
- Was wünsche ich mir für die Zukunft, wenn ein Problem auftaucht?

KREATIVE METHODEN

Konfliktlösungen finden: unser Kreativitätspotenzial

Ideen und Lösungen zu finden, bedeutet, kreativ zu sein. Halten Sie am nächsten Team-Tag einen „Konfliktlösungs-Kreativ-Workshop“ ab.

1. Zuerst werden genügend Plakate auf dem Boden ausgebreitet und Stifte dazugelegt.
2. Auf jedem Plakat wird ein Konflikt als Überschrift festgehalten. Hier müssen nicht tatsächlich erlebte Konflikte im Team aufgeschrieben werden, sondern mögliche Ursachen von Konflikten – zum Beispiel: schnippische Bemerkungen, Unordnung im Personalzimmer, Ideen der Kollegin abkupfern, nicht zuhören, sich in Elterngespräche einmischen.
3. Diese Bodenplakate laden nun ein, langsam um sie herumzugehen, die Überschriften (Konfliktmöglichkeiten) leise für sich zu lesen und auf sich wirken zu lassen.
4. Alle Beteiligten setzen sich danach wieder auf ihren Platz und die Konflikte werden besprochen. Dazu wird die Überschrift jedes Plakates von der Person, die den Konflikt aufgeschrieben hat, vorgelesen. Die anderen Teilnehmer können dazu Fragen stellen.
5. Wenn alle Konflikte hinsichtlich ihrer Bedeutung geklärt sind, überlegt sich jeder Teilnehmer Lösungsmöglichkeiten.
6. Jeder Teilnehmer nimmt sich einen Stift und geht um die Plakate herum, um seine Lösungsgedanken zu den Konflikten auf das jeweilige Plakat zu schreiben. Dabei darf geredet werden. Der Austausch trägt zu weiteren kreativen Ideen bei.
7. Wenn sich alle wieder gesetzt haben, findet im Plenum ein intensiver Austausch statt. Es wird ein Beschluss gefasst, wie mit den Ergebnissen umgegangen wird – zum Beispiel:
   - Im Personalzimmer aushängen
   - In die Konzeption oder das Qualitätshandbuch aufnehmen
   - An den Träger weitergeben
   - Als Leitgedanken formulieren und für die Eltern als Information aushängen
   - Weiterarbeit am Thema in der nächsten Teamsitzung

Beispiel für ein Bodenplakat

Mit Bastelmaterial wird verschwenderisch umgegangen

Zeigen und vormachen, wie es besser geht

Mit Kollegin reden, welche Sichtweise sie dazu hat

Nachhaltigkeit im Team thematisieren

KREATIVE METHODEN

Konfliktbearbeitung mit der Teamlupe

1. Im Team wird ein Konflikt/ein Problem erkannt und soll gemeinsam gelöst werden. Dazu trägt eine Person (vielleicht diejenige, die das Problem zuerst bemerkt hat) den Konflikt im Team vor.
2. Dann kommt die „Teamlupe“ zum Einsatz: Jedes Teammitglied beschreibt aus seiner Sicht, wie es den Konflikt erlebt. Die einzelnen Sichtweisen werden nicht besprochen, sondern akzeptiert und bleiben so stehen.
3. Der nächste Schritt mit der Teamlupe soll klären: Wie wirkt sich der Konflikt auf die Arbeit aus? Hier werden die Auswirkungen fokussiert. Die Teilnehmenden beschreiben die möglichen Folgen und besprechen, welche Auswirkungen diese für jeden in der täglichen Arbeit für die nächsten zwei Wochen haben würden. Jeder, der möchte, kommt hier zu Wort. Nur zuhören ist ebenfalls erlaubt.
4. Jetzt werden Lösungsmöglichkeiten unter die Teamlupe genommen. Die Beteiligten sammeln mithilfe eines Brainstormings ihre kreativen Ideen im Team und halten sie auf einem Plakat oder einem Flipchartbogen fest.

5. Mit der Teamlupe wird die Lösung gefunden: Die Teilnehmenden setzen sich mit den Ergebnissen auseinander und suchen die beste Lösung, die das Team akzeptieren kann und ausprobieren möchte. Dabei werden auch die nächsten Schritte oder Maßnahmen geplant, die notwendig sind, um die Lösung herbeizuführen.
6. Die Teamlupe wird in der nächsten Sitzung wieder hervorgeholt: Das Team überprüft, ob der Konflikt gelöst wurde oder ob weiter nach Lösungen gesucht werden muss.

KREATIVE METHODEN

Paradoxe Intervention: Wie es nicht laufen sollte

Die Teammitglieder erstellen eine Liste mit Vorschlägen, wie eine **Konfliktbearbeitung nicht** ablaufen sollte. Die Liste mit den Negativbeispielen kann entweder im Laufe einer Woche individuell oder gemeinsam in einer Teambesprechung ausgefüllt werden. In der rechten Spalte ist Platz für Vorschläge, wie es stattdessen laufen könnte.

Das sollten wir bei Problemen im Team vermeiden	So könnte es besser laufen/ So wäre es mir lieber
Persönliche Kritik vor anderen Zuhörern	Vertrauliche Vier-Augen-Gespräche
Vorwürfe, Beschuldigungen	„Ich-Botschaften“ formulieren
(Vor-)Verurteilung, Schuldzuweisung	
Persönliche Angriffe	
Einseitige Verstärkungen („immer“)	
Ein Lob mit einem „aber“ versehen	
Bestreiten jeglicher Kompetenz	
Kritik der gesamten Person	
Vorschnelle Lösungsangebote	

Die eingebrachten No-Gos aus der linken Spalte werden in der nächsten Teambesprechung durch positive Beispiele ergänzt.

6 Wie schön, dass du die Leitung bist! Führungsstile und Wirkungen

Bei einer Teamfortbildung sollen die Kolleginnen und Kollegen folgenden Satz vervollständigen: „Die Leitung gehört natürlich zum Team, trotzdem …“ Die Satzergänzungen lauten: „… ist unsere Leitung sehr oft im Büro.“ „… ist unsere Leitung fast nie im Kinderdienst.“ „… fehlt sie oft in der Gruppe.“ „… hat sie für uns alle stets ein offenes Ohr.“ „… vertritt sie uns beim Träger.“ „… hat unsere Leitung alle Fäden in der Hand.“

Die Leitungsrolle wird häufig als „zwischen allen Stühlen“ empfunden: verantwortlich für alles, was in der Einrichtung geschieht, stets Ansprechpartner für alle Akteure und trotzdem ein Teammitglied wie alle anderen Mitarbeitenden auch.

6.1 Ein Kita-Team ist kein hierarchiefreier Raum

In einem Team bestimmen unterschiedliche Rollen seine Interaktionen, unterschiedliche Aufgaben seine Arbeitsweise und unterschiedliche Funktionen seine Struktur. Eine ausgewogene Steuerung dieses Geflechts ist vorrangige Aufgabe der Leitung. Sie agiert in einer Sandwich-Position: Die Leitung ist Teil des Teams und steht zugleich außerhalb, weil sie mehr Verantwortung hat und für eine Vielzahl an Personen verantwortlich ist. Und sie hat eine Doppelrolle zwischen Managementaufgaben und Pädagogik. Wenn wir also über das Team reden, müssen wir auch über dessen Leitung sprechen.

Leitung und Führung sind komplex miteinander verwoben, trotzdem bedarf es einer begrifflichen Unterscheidung: Bei „Leitung" geht es primär um die Wahrnehmung der Aufgaben, die an eine Kita gestellt und meist vom Träger explizit beschrieben werden. „Führung" meint die personale Seite, die Förderung der Arbeitsplatzzufriedenheit und die Art, wie Aufgaben im Team wahrgenommen werden. Die Managementfunktion, welche mit dem Führungsauftrag verknüpft ist, verlangt, die Organisationsziele mit den Erwartungen und Bedürfnissen im Team in Einklang zu bringen. Dabei sind zwei gleichwertige, aber nicht gleichartige Aspekte zu berücksichtigen: der **Beziehungsaspekt**, der die Kohäsion, den Zusammenhalt und das Zusammengehörigkeitsgefühl im Team fördert, und parallel dazu der **Sachaspekt** (Lokomotion), unter dem das Team motiviert wird, die gemeinsamen Ziele zu erreichen (Möller & Schlenther-Möller 2014, S. 69).

Die Kita-Leitung hat sowohl Führungs- als auch Leitungsfunktion

Leitung = vertikale Funktion: Leitungsaufgaben sind durch den Träger an die Leiterin oder den Leiter übertragen. Die alleinige Verantwortlichkeit hebt diese Funktionsstelle von den anderen Teammitgliedern ab. Das betrifft die Organisation der Betriebsführung und die Durchsetzung aller pädagogischen Aufgaben.
Führung = horizontale Funktion: Führungsaufgaben sind insbesondere die Team- und Personalentwicklung; innerhalb der Einrichtung bedingt die Führungsrolle, Kollegin oder Kollege und Motor des Geschehens zugleich zu sein.

Die Leitung ist, je nach Träger, in unterschiedlichem Maß wesentlich für Qualität, Organisation, Team- und Personalentwicklung zuständig. Damit reichen ihre Aufgaben deutlich über das hinaus, was zur durchschnittlichen Ausbildung einer Erzieherin gehört. Die Zugangsvoraussetzungen zur Position der Kita-Leitung sind in den Bundesländern äußerst heterogen und wenig spezifisch geregelt.

Zusatz- und Weiterbildung oder auch ein höherer Berufsabschluss sind deshalb Voraussetzung für die kompetente Erfüllung dieser Aufgaben. Dieser Bedarf ist auch in der Realität angekommen. Im Jahr 2020 verfügten bundesweit 19 Prozent der Leitungskräfte über einen einschlägigen Hochschulabschluss, was beim allgemeinen pädagogischen Personal nur für vier Prozent zutraf (DJI 2021, S. 42). In der Anerkennung solcher Ausbildungen zeigt sich auch eine gewachsene Wertschätzung der Leitungsfunktion durch die Träger. Dem entspricht, dass nur zwei Prozent der Leitungskräfte befristet beschäftigt sind, während dieser Anteil trotz Fachkräftemangel beim sonstigen pädagogischen Personal immerhin zwölf Prozent ausmacht (ebd., S. 44).

Ebenso aussagekräftig sind die Zeitressourcen, die der Leitung für diese Funktion zur Verfügung stehen. Hier zeigen sich in den letzten Jahren deutliche Verbesserungen, ohne dem Bedarf ausreichend zu entsprechen. „Während die Zahl der anteilig freigestellten Leitungskräfte seit 2011 um 96% gestiegen ist, betrug der Zuwachs bei den vollständig freigestellten Leitungskräften nur 33%" (ebd., S. 41). Dabei gibt es massive Unterschiede zwischen den Bundesländern: Während 2020 in Hamburg 79 Prozent der Leitungskräfte vollständig freigestellt waren, lag der entsprechende Anteil in Bayern lediglich bei 20 Prozent.

Was macht nun eine gute Leitung aus? Hilfreiche Kompetenzen zur Erfüllung der Leitungsfunktion sind aktuelles Fachwissen, einfühlsame Kommunikationsfähigkeit, Empathie und Kongruenz genauso wie Selbstbewusstsein und Ambiguitätstoleranz, aber auch Strukturiertheit und Organisationstalent. „Eine gute Kita-Leitung sorgt dafür, dass sich Kinder, Eltern und Fachkräfte wohlfühlen und die Kinder bestmöglich gefördert werden. Erfolgreiche Leitungskräfte zeigen eine Haltung des ‚Learning Leading', also eine Führung mit dem Fokus auf das Lernen aller Beteiligten: ihnen ist nicht nur das Lernen und die Entwicklung der Kinder wichtig, sondern auch das der pädagogischen Fachkräfte und der Eltern" (Strehmel 2022, S. 5).

6.2 Vier Modelle zur Gestaltung der Führungsaufgabe

Für die Gestaltung der Führungsaufgabe stehen im Wesentlichen vier Modelle zur Verfügung (vgl. Rannenberg-Schwerin 2012, S. 6):

Führen durch **Entscheidungsregeln**: Dabei werden Regeln vereinbart, nach denen Entscheidungen zu fällen sind. Die Entscheidungen selbst liegen in der Verantwortung der Teammitglieder. Je enger die Regeln gefasst sind, desto weniger motiviert dieses Führungsmodell zur Übernahme eigener Verantwortung.

Führen als **Ausnahmeprinzip**: Hier liegen die Entscheidungen, die sich aus der täglichen Routine ergeben, in den Händen der Teammitglieder. Die Leitung greift dann ein, wenn außerordentliche Situationen zu bewältigen sind oder Abweichungen von den vereinbarten Regeln auftreten. Dieser Führungsstil verbindet also Entscheidungsfreiheit für die Teammitglieder mit Überwachung durch die Leitung. Das steigert die Leistungsfähigkeit der Führung, steht einer Vertrauensbildung zwischen Leitung und Team aber eher im Weg.

Führen durch **Zielvereinbarungen**: Die Ziele werden dabei zwischen Führungskraft und Mitarbeitern kooperativ vereinbart. Dazu gehört auch die Übertragung von konkreten Aufgaben in die eigene Verantwortung des Teams oder einzelner Mitglieder. Während die Trägerziele in der Regel vorgegeben sind, können die einrichtungsspezifischen

Ziele im Team erarbeitet und in der Konzeption festgeschrieben werden. Die persönlichen Ziele der Teammitglieder einzubeziehen, verbessert die Arbeitszufriedenheit. Diese Führungsmethode motiviert das Team zur Partizipation bei der Zielfindung, zur Verantwortungsübernahme bei der Realisierung und sichert der Leitung dennoch die Kontrolle über die Zielerreichung.

Führen durch freie **Delegation**: Dabei werden ganze Aufgabenbereiche in die eigene Verantwortung des Teams oder einzelner Teammitglieder gelegt. Dieses Prinzip kann auch innerhalb der Leitungsfunktion angewandt werden, wenn diese aus einem Mini-Team (z. B. von Gesamtleitung und Stellvertretungen) besteht. Relevant wird es jedoch vor allem, wenn es um die Einbeziehung des Teams in Leitungsaufgaben geht.

Michael Pfreundner (2017, S. 14) geht dabei (in Anlehnung an Bernd Geropp) von fünf Stufen der Delegation aus:

Fünf Stufen der Delegation

1. **Setze um!** Die Aufgabe für das Team besteht hier lediglich darin, bereits getroffene Entscheidungen umzusetzen. Je genauer die Vorgaben sind, desto geringer ist der Spielraum, der dem Team bleibt.
2. **Arbeite dich ein!** Diese Stufe erfordert eine eigene Auseinandersetzung mit der Aufgabe und lässt die Entwicklung von Handlungsoptionen offen. Die Auswahl aus diesen Optionen trifft die Leitung.
3. **Erarbeite einen Vorschlag!** Auch hier geht es um die Entwicklung möglicher Optionen, allerdings verbunden mit einer eigenen Abwägung und der Präferierung eines Vorschlags, welcher der Leitung dann zur finalen Entscheidung vorgelegt wird.
4. **Entscheide mit Rückmeldung!** Auf dieser Stufe wird die Auswahl von Handlungsoptionen und deren Realisierung eigenverantwortlich auf das Team oder einzelne Mitglieder übertragen. Die Rückmeldung an die Leitung beschränkt sich auf die Mitteilung des Erfolgs oder Misserfolgs.
5. **Entscheide ohne Rückmeldung!** Auf dieser Stufe wird die Verantwortung für Maßnahmen und Erfolg auf die Mitarbeiter übertragen, die auch keine Erfolgsmeldung abliefern müssen. Diese Stufe wird vom Vertrauen bestimmt, dass das Team seine Aufgaben kompetent und eigenverantwortlich wahrnimmt und selbst entscheidet, wann eine Einbeziehung der Leitung notwendig ist.

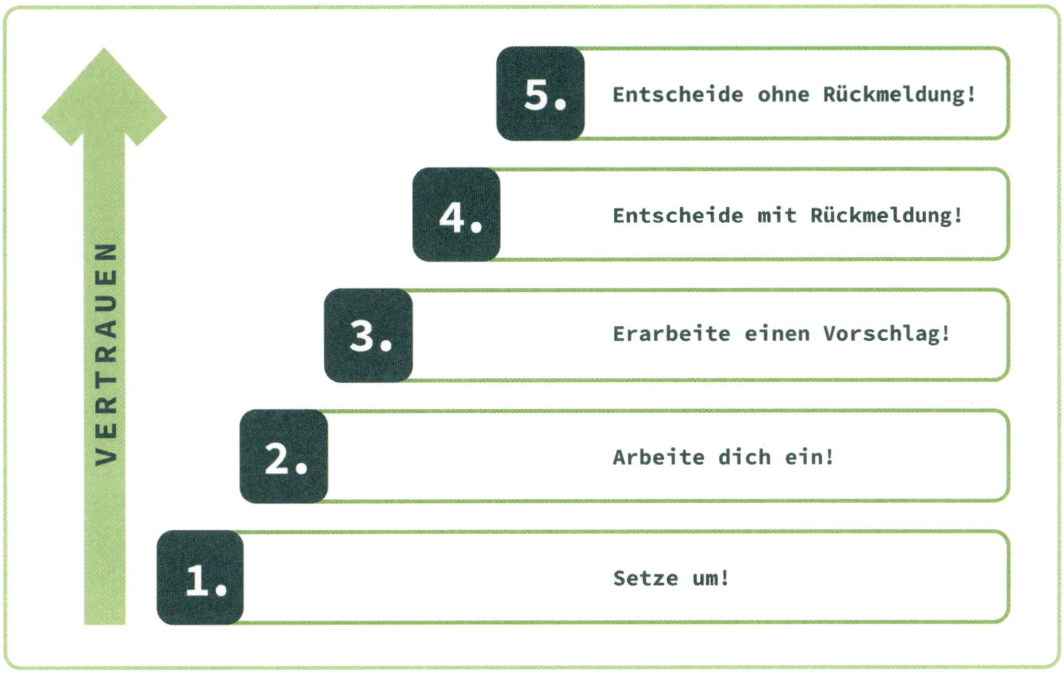

Eine Delegation, die wesentliche Kompetenzen von der Leitung ins Team oder an einzelne Teammitglieder verlagert, dient sowohl der Entlastung der Leitung als auch der Förderung, Motivation und damit der Entwicklung des Teams. Die Leitung entlastet sich nicht nur bei bestimmten Aufgaben, sondern vor allem auf der vierten und fünften Stufe auch von ständigen Anweisungen, Detailüberlegungen und Kontrollen. Im Team fördert das durch die Delegation gezeigte Vertrauen in Kompetenz und Leistungsfähigkeit die Eigenverantwortung, Initiativkraft und Verbundenheit mit Arbeitsplatz und Einrichtung. Voraussetzung dafür ist allerdings, dass das Team eine regelmäßige Rückkopplung über seine Arbeit und deren Erfolge erhält (Möller & Schlenther-Möller 2014, S. 84).

Eine weitgehende Delegation ist für die Leitung allerdings nicht unproblematisch, da sie gegenüber Träger wie Eltern in der Gesamtverantwortung für die Arbeit in der Kita bleibt. Wichtig ist, dass die Leitung zwar ihre formal gestützte Position deutlich macht, zugleich aber das Team in alle Entscheidungen, die auf Einrichtungsebene gefällt werden können, einbezieht. Die Beteiligung an Regeln und Entscheidungen ist nicht nur eine Forderung von Leitungstransparenz, sondern zugleich Ausdruck von Wertschätzung. Die Motivation, zum Gelingen der gemeinsam erarbeiteten Ziele und Aufgaben beizutragen, wächst damit ebenso wie die Arbeitszufriedenheit und letztlich auch die Bindung des Personals an die Einrichtung – was gerade in Zeiten des Fachkräftemangels von gesteigerter Bedeutung ist.

6.3 Führungsstile als Leitungsinstrument

Der Führungsstil bezeichnet ein Bündel von Verhaltensweisen und Maßnahmen, die eine Führungsperson einsetzt, um die Mitglieder in ihrem Team zu beeinflussen. Bekannt sind dabei vor allem die drei Führungsstile, die auf den Sozialpsychologen Kurt Lewin zurückgehen, nämlich: autoritär – kooperativ – laissez-faire.

Führungsstil	Merkmale	Positive Wirkungen	Negative Wirkungen
autoritär	Leitung entscheidet, vergibt die Aufgaben und kontrolliert; Mitarbeiter führen aus; distanziertes Verhältnis zwischen Leitung und Mitarbeitern.	Die verantwortliche Person ist klar benannt. Aufgaben sind verteilt, dadurch schnelle Handlungsfähigkeit. In Krisensituationen ist es wichtig, schnelle Entscheidungen zu treffen.	Die Leitungsperson kann leicht überfordert werden. Falsche Einschätzungen können die Folge sein. Mitarbeiter denken nicht mit. Wenn die Leitung fehlt, geht die Arbeit nicht weiter.
kooperativ	Mitarbeiter entscheiden mit, übernehmen eigenverantwortlich Aufgaben; Zusammenhänge werden transparent. Fremdkontrolle wird durch Eigenkontrolle ersetzt; Delegation ist erwünscht. Die Weiterentwicklung der einzelnen Teammitglieder wird ermöglicht.	Die Motivation der Mitarbeiter wird gefördert, weil deren Ideen und Vorschläge ernst genommen werden. Der Vorgesetzte wird entlastet. Das Arbeitsklima ist angenehm und fördert gute Ergebnisse.	Es besteht die Gefahr, dass es zu keinen klaren Entscheidungen kommt. Entscheidungsprozesse dauern sehr lange.
laissez-faire	Mitarbeiter sind eigenverantwortlich; Entscheidung und Kontrolle liegen bei der Gruppe.	Hohe Motivation durch Gestaltungsfreiheit. Autonomie und Selbstwirksamkeit werden erlebbar.	Nicht jeder Mitarbeiter kann mit dem hohen Maß an Freiheit umgehen. Ohne die Strukturierung durch die Leitung tritt leicht Desorientierung auf.

Die Begriffe „kooperativer“ und „partizipativer Führungsstil“ werden meist identisch verwendet. Beide ermöglichen die gemeinsame Verantwortung für die Arbeitsaufgaben im Team. Ein flexibles Führen, man spricht vom „situativen Führungsstil“, unterstützt dies, da die Leitung ihr Führungsverhalten situations- und mitarbeiterbezogen ausrichtet und damit ermöglicht, dass die Kompetenzen der einzelnen Teammitglieder als Ressourcen genützt werden.

Gute Leitung und Führung eines Kita-Teams sind kein reines Organisationsmodell, schon gar kein statisches. Die Kita und ihr Team als lernender Organismus lassen sich nicht auf Leitungsregeln reduzieren. Die Notwenigkeit zu ständiger Weiterentwicklung des Teams ist eine Steuerungsaufgabe für die Leitung, die sich in einer grundsätzlichen Haltung gegenüber dem Team, dem Träger und dem Umfeld konkretisiert und sich in immer wieder neu zu suchenden geeigneten Herangehensweisen und Interaktionen ausdrückt. Leitung und Team sind somit in unterschiedlichen Funktionen, aber mit gemeinsamen Zielen auf ein gelingendes Miteinander angewiesen. Dafür die Bedingungen zu schaffen, ist die zentrale Führungsaufgabe der Leitung und ein wesentlicher Teil der gemeinsamen Verantwortung des Teams.

„Führung ohne Interesse am Menschen ist wie Schwimmen ohne Wasser. Man sitzt schnell auf dem Trockenen.“

Carsten Bach

Die Leitung ist als pädagogische Fachkraft Teil des Teams, hat aber eine vom Team abgesetzte, formal beschriebene hierarchische Sonderfunktion. Sie ist für die Verbindung zu Träger und externen Partnern verantwortlich und gestaltet die Entwicklung des Teams als lernender Organismus. Ein partizipativer Führungsstil sichert Arbeitszufriedenheit, Teambewusstsein und Zielerreichung.

Reflexionsimpulse zur Leitungsfunktion

- Motiviere ich im Team meine Kolleginnen und Kollegen?
- Zeige ich mich engagiert in meinem Team?
- Bin ich für andere ein Vorbild?
- Organisiere und strukturiere ich gerne?
- Arbeite ich lösungsorientiert?
- Kann ich mich auch mal zurücknehmen und anderen den Platz überlassen?
- Zeige ich Verständnis und Empathie für meine Kolleginnen und Kollegen?
- Ist eine meiner Stärken die Kommunikation?
- Vertrete ich selbstbewusst unsere Einrichtung nach außen?

Vervollständigen Sie die folgenden Satzanfänge

Als Leitung möchte/würde ich besonders darauf achten, dass ....

....

Die wichtigste Aufgabe der Leitung ist ....

....

Die Leitung muss immer ....

....

Die Leitung darf niemals ....

....

Wenn ich einmal Leitung bin, dann ....

....

Ich würde gerne Leitung sein, weil ... .

....

oder:

Ich bin gerne Leitung, weil ....

....

....

....

6.4 Übungen zur Funktion der Leitung im Team

Setzen Sie sich mit den Aufgaben der Leitung auseinander. Beschäftigen Sie sich mit den Kompetenzen, die für die Leitung einer Kita notwendig sind. Überlegen Sie im Team, wie die Leitung unterstützt werden kann.

KREATIVE METHODEN

Abgleich von Selbst- und Fremdbild: Leitungsbeurteilung

Leitung und Mitarbeitende nehmen sich Stifte und je zwei verschiedenfarbige Blätter (z. B. gelb und lila). Alle Kolleginnen und Kollegen schreiben auf die gelben Blätter, was sie an der Leitung schätzen. Auf das lila Papier notieren sie Tipps für die Leitung. Die Blätter werden anschließend verdeckt auf den Boden gelegt und gemischt.

Zeitgleich schreibt die Leitung auf ihr gelbes Blatt, welche Stärken sie bei sich selbst erkennt. Auf dem lila Blatt notiert sie Überlegungen, was die Mitarbeitenden von ihr noch brauchen könnten.

Jetzt werden zuerst die verdeckten gelben Blätter aufgedeckt, und die Leitung vergleicht die Notizen mit ihrer eigenen Einschätzung. Anschließend werden die lila Blätter aufgedeckt und verglichen.

Eine möglichst große Zahl von Übereinstimmungen weist auf ein Miteinander im Team hin, das auf einer guten gegenseitigen Einschätzung beruht. Gravierende Unterschiede zwischen der Sicht von Team und Leitung werden diskutiert.

Gemeinsame weitere Schritte werden als Sätze formuliert, um sich im Team weiterzuentwickeln. Eine offene, transparente Kommunikation zwischen Team und Leitung ist Voraussetzung und Wirkung gleichermaßen.

KREATIVE METHODEN

Mein linker, linker Platz ist leer …

Spielen Sie doch das bekannte Kinderspiel einmal etwas verändert an einem Team-Tag. Der einladende Satz heißt jetzt: „Mein linker, linker Platz ist leer, da wünsch ich mir als Leitung … her.“

Frauke darf beginnen: „Mein linker, linker Platz ist leer, da wünsch ich mir als Leitung Martin her." Darauf sagt Martin: „Mit was soll ich kommen?" Frauke antwortet: „Mit deinem Ideenreichtum." Martin wechselt schnell seinen Platz und setzt sich zur Linken von Frauke. Jetzt ist Lisa dran, deren linker Platz nun leer ist: „Mein linker, linker Platz ist leer, da wünsch ich mir als Leitung Lilly her." Lilly fragt: „Mit was soll ich kommen?" Lisa antwortet: „Mit deiner Ehrlichkeit." Nun ist Marie an der Reihe: „Mein linker, linker Platz ist leer, da wünsch ich mir als Leitung Patricia her." Patricia sagt: „Mit was soll ich kommen?" Und Marie entgegnet: „Mit deinem Humor."

Und so weiter und sofort, bis alle Beteiligten einmal als Leitung ihren Platz an einer linken (Herzens-)Seite eingenommen haben. Dieses Spiel hat die Wirkung einer „warmen Dusche", da alle erfahren, welche ihrer Stärken im Team geschätzt werden.

KREATIVE METHODEN

Transparente Stärken im Team: Wir unterstützen unsere Leitung!

Es liegen genügend Kärtchen bereit. Jedes Teammitglied nimmt sich so viele, wie es beschriften will. Auf jedes Kärtchen wird folgender Satzanfang geschrieben: „Ich unterstütze meine Leitung ..." Jede Kollegin und jeder Kollege vervollständigt für sich den Satz – zum Beispiel mit den Worten:

„... indem ich mich immer bei der Teambesprechung einbringe."

„... indem ich auch mal für eine Kollegin den Dienst übernehme."

„... weil ich möchte, dass wir viel Anerkennung von außen bekommen."

„... weil ich finde, dass wir alle zusammenhelfen sollten."

Die Leitung erhält abschließend alle Kärtchen. Sie darf jetzt auch nachfragen, sich bedanken und natürlich darüber freuen.

KREATIVE METHODEN

Die Leitung verteilt Wertschätzung: Schokolade für alle!

Als Leitung verteilt man gerne mal Schokolade an seine Kolleginnen und Kollegen – als Ausdruck der Wertschätzung und der Freude über die gute Zusammenarbeit. Verteilen Sie doch anstelle von Schokolade heute kleine Lob-Kärtchen:

Ein Lob für dich!

Das hast du gut gemacht!

Schön, dass du da bist!

KREATIVE METHODEN

Ein Lob für die Leitung: Rotkäppchens Korb

Auch die Leitung freut sich über kleine Aufmerksamkeiten von ihren Kolleginnen und Kollegen. Das darf auch Schokolade sein. Oder Sie füllen „Rotkäppchens Korb" mit kleinen Lob-Kärtchen für die Leitung:

KREATIVE METHODEN

Delegieren: Leitungsaufgaben abzugeben!

Natürlich gehört es zur Funktion der Leitung, an einzelne Teammitglieder Aufgaben zu delegieren – doch das kann auch gemeinsam mit allen Beteiligten geschehen:

1. Zuerst schreibt die Leitung für alle sichtbar ihre Aufgaben, die sie selbst erledigen muss oder möchte, auf ein Plakat.
2. Dann schreibt die Leitung diejenigen Aufgaben, die sie delegieren möchte, auf einzelne Kärtchen und verteilt sie auf dem Tisch.
3. Jetzt wird gemeinsam überlegt: Welche Aufgabe erfordert welche Fähigkeiten? Nachfragen sind unbedingt erwünscht, um die Aufgaben zu konkretisieren.
4. Im nächsten Schritt legt die Leitung verschiedene Postkarten aus (Bilder – Schrift – was sie möchte und hat ...).
5. Jedes Teammitglied sucht nun für sich und seine Fähigkeiten eine Postkarte aus.
6. In der Runde präsentiert jede Kollegin anschließend die gewählte Karte und erläutert dabei ihre Stärken, die sie dazu befähigen, eine Leitungsaufgabe zu übernehmen.
7. Zum Schluss werden die Aufgabenkärtchen den jeweiligen Postkarten zugeordnet. Die Leitung delegiert damit Aufgaben an die einzelnen Teammitglieder und gibt dazu noch Tipps.

7 Sag mir, wo die Werte sind! Teamqualität und Berufsethos

„Qualität wird nur von außen bestimmt“, „Unsere Qualität wird nicht beachtet“, „Qualität bedeutet Anstrengung“ – das sind einige Aussagen aus einer Klasse von angehenden Erzieherinnen und Erziehern. Die Qualitätsdiskussion beinhaltet in der Praxis häufig die Angst vor Kritik und gleichzeitig die Aufforderung zur Rechtfertigung des eigenen Tuns.

Schon seit einiger Zeit existiert für die Elementarpädagogik eine „Qualitäts- und Bildungsoffensive“, um Aufgaben, Inhalte, Vorgehensweisen, Ziele und Methoden der Arbeit zu dokumentieren. Vergessen wird dabei schnell, dass es immer schon eine Notwendigkeit war, Qualität beim gemeinsamen Leben und Lernen mit Kindern zum Ausgangspunkt zu machen. Doch reichen weder hochgesteckte Ziele, Schlagworte noch markige Begriffe aus, um eine Qualitäts- und Bildungsoffensive voranzubringen. Vielmehr muss sich zunächst das Hauptaugenmerk auf die Personen im Team selbst richten, um tatsächlich eine hohe Qualität in der Praxis zu erreichen.

Das **Qualitätsmanagement** muss **innerhalb des Teams als Prozess** beginnen. Gemeinsame Überlegungen dazu und die intensive Auseinandersetzung im Team, die zu einem Übereinkommen in der praktizierten Pädagogik führen, sind wesentliche Beiträge einer qualitativen Arbeit. Im Team wird dadurch eine proaktive Arbeitsatmosphäre mit einem hohen Grad an Motivation und Zufriedenheit geschaffen. Das heißt: Systematische Personalentwicklung innerhalb des Teams ist die Basis für notwendige Anpassungs- und Veränderungsprozesse, um die Qualität zu sichern. Nur wenn unterstützende Rahmenbedingungen und ein Konsens in der Zielbestimmung zur Qualität in der Einrichtung im Team vorhanden sind, wird das Höchstmaß an Qualität erreichbar.

7.1 Qualitätsmanagement als Teamaufgabe

Qualitätsmanagement bezieht sich auf die Gesamtheit der Merkmale und Eigenschaften eines Produkts, einer Dienstleistung oder eines Prozesses. Es umfasst objektive und subjektive Merkmale wie Professionalität, Zuverlässigkeit, Effektivität, Effizienz, Sicherheit und andere Faktoren, welche die Nutzerzufriedenheit beeinflussen, sowie die Erfüllung festgelegter Standards. Qualität wird durch Messung, Bewertung und kontinuierliche Verbesserung gewährleistet und ist ein wesentlicher Faktor für den Erfolg des Unternehmens. Ein ganzheitlicher Ansatz der Qualitätssicherung umfasst die gesamte Wertschöpfungskette und berücksichtigt die Bedürfnisse aller beteiligten Interessengruppen.

„Die Qualität einer Tageseinrichtung für Kinder lässt sich als Gesamt derjenigen Merkmale beschreiben, die dazu beitragen, dass die Institution ihren gesellschaftlichen Auftrag effektiv und effizient erfüllt, also Kindern und Familien bei angemessenem Ressourceneinsatz ein unterstützendes, entwicklungsförderliches und bildungsanregendes Umfeld bietet." (Viernickel 2016, o. S.)

Qualitätsmanagement bedeutet nicht nur die Feststellung des Ist-Stands, sondern auch gleichzeitig die Weiterentwicklung der Qualität in der Praxis. Dieser Prozess muss als Instrument der Professionalisierung im Team Beachtung finden, ist also immer eine Teamaufgabe. Bei dieser Teamaufgabe handelt es sich gleichzeitig um eine Pflichtaufgabe, denn die Qualitätsentwicklung der Kitas ist durch gesetzliche Vorgaben begründet (z. B. SGB VIII, Bildungspläne der Länder). Verstanden wird darunter hauptsächlich die Überprüfung und Weiterentwicklung der pädagogischen Qualität (vgl. Edelmann 2016).

Das Qualitätsmanagement in der Kita stützt sich auf die Professionalität der pädagogischen Fachkräfte und deren Arbeit mit den Kindern. Das Resultat entwickelt sich auf vielen Ebenen. **Qualitätsmanagement** kann **anhand folgender Schwerpunkte** strukturiert werden:

Schwerpunkte im Team	Qualität im Fokus
Gemeinsame Weiterentwicklung der Einrichtungskonzeption	Diese setzt immer wieder die Auseinandersetzung mit den pädagogischen Vorstellungen und Maßnahmen als auch mit dem Bild vom Kind voraus.
Auseinandersetzung mit dem aktuellen Schutzkonzept	Hier wird der Schutz sowohl der Kinder und deren Familien als auch aller Mitarbeiterinnen und Mitarbeiter in den Blick genommen.
Beschwerdemanagement mit gangbaren Wegen	Beobachtungen bei der täglichen Arbeit werden im Sinne der angestrebten Qualität in den Fokus genommen.
Systematische Personalentwicklung	Ein immer wiederkehrender gemeinsamer Diskurs ist hier sicherlich der Königsweg.

7.2 Teamqualität und Qualitätsdimensionen

Die Teamqualität in einer Kita ist abhängig von vielen Faktoren, die in unterschiedlichen Dimensionen zusammengefasst werden. Das Team sollte sich daher mit diesen Qualitätsdimensionen auseinandersetzen, wenn es die Qualität in ihrer Kita beschreiben will. Dabei kann mit der Strukturqualität begonnen werden, also mit den Rahmenbedingungen der Einrichtung. Der nächste Schritt umfasst die Orientierungsqualität, welche als Berufsethos verstanden werden kann. Für die Teamarbeit sind weiter vor allem die Prozessqualität und die dazugehörende Organisationsqualität von großer Bedeutung. Denn die Interaktionen innerhalb des Teams beeinflussen auch die Arbeitsmotivation.

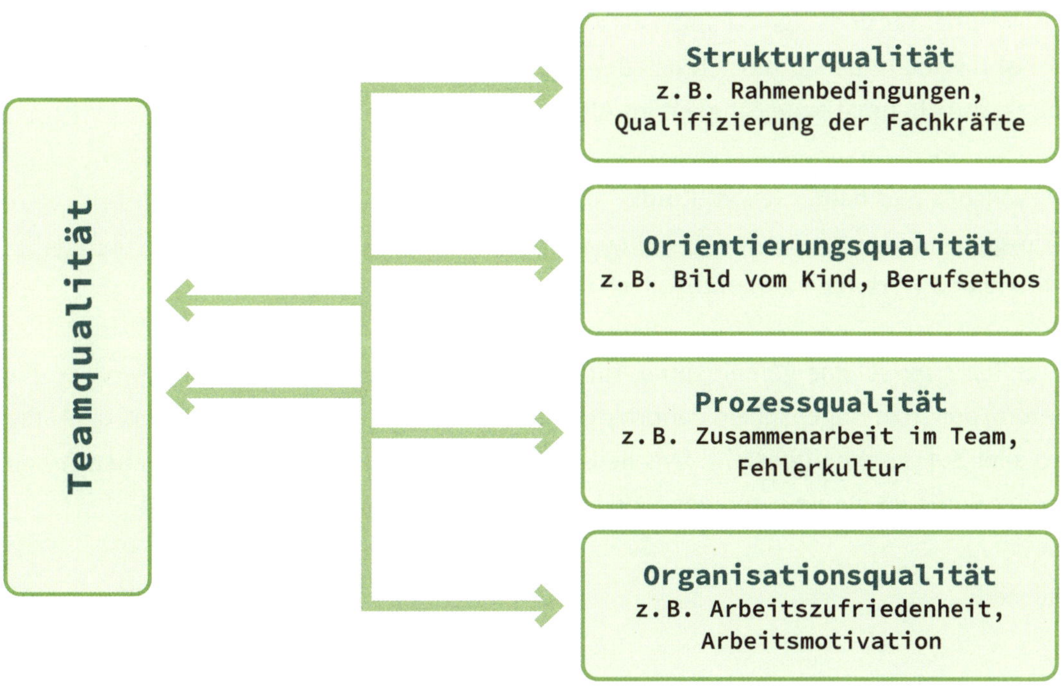

Die Teamqualität steht in Wechselwirkung mit den abgebildeten Qualitätsebenen: Einerseits wirkt die Teamqualität auf alle vier Dimensionen der Qualität. Andererseits wirkt jede einzelne Dimension direkt auf die Teamqualität. Darüber hinaus bestimmt die Teamqualität natürlich auch andere Bereiche mit, nicht zuletzt den Erziehungs- und Bildungsauftrag der Fachkräfte. Eine organisationsförderliche Teamkultur durch ressourcenorientierte Zusammenarbeit und eine wertschätzende Atmosphäre zeigt sich direkt in der pädagogischen Arbeit mit den Kindern.

An der empfundenen Arbeitszufriedenheit des Personals lässt sich die Teamqualität messen. Die Erfüllung des pädagogischen Arbeitsauftrags trägt dabei zur Arbeitszufriedenheit maßgeblich bei. Somit ist es unabdingbar, den Auftrag und die Ziele immer wieder gemeinsam im Team zu thematisieren und zu klären. Dies geschieht durch Diskussion auf der Ebene der Orientierungsqualität, denn mit ihr steht und fällt die pädagogische Arbeit. Hier braucht das Team ein gemeinsames Leitbild, das die Entwicklungsbedürfnisse des Kindes in den Mittelpunkt stellt. Dazu muss in der Konzeption der Bildungsauftrag konkretisiert werden, indem dabei auf die Aspekte der Arbeit mit dem Kind, der Erziehungspartnerschaft mit den Eltern und der Vernetzung und Einbindung der Einrichtung in den Sozialraum eingegangen wird. „Die Zufriedenheit der pädagogischen Fachkräfte mit der Organisation der Arbeit in der Kindertageseinrichtung ist entscheidend für die Qualität der Bildungsarbeit mit dem Kind. Eine gemeinsame Aufteilung der Aufgaben, die weder zu Über- noch zu Unterforderung führt, gut abgestimmte Arbeitsprozesse und gemeinsame Weiterentwicklung der Qualität der pädagogischen Arbeit, eine kompetente und engagierte Leitung der Einrichtung, gute Zusammenarbeit mit Fachkräften und Vernetzung der Einrichtung mit anderen Institutionen sowie Nutzung von Fortbildungsmaßnahmen sind hier die entscheidenden Kriterien“ (Becker-Stoll 2013, o. S.).

Die Orientierungsqualität spielt also eine besonders bemerkenswerte Rolle. Denn sie misst die Teamqualität hinsichtlich der Überzeugungen und Werte, was sich wiederum direkt auf die praktische Tätigkeit im Alltag auswirkt:

- Welches Bild habe ich vom Kind?
- Welchen Entwicklungsbedarf haben die Kinder?
- Wie und wodurch kann und soll ich unterstützen?

Das Team muss eine gemeinsame Antwort auf diese Fragen finden. Dazu werden die Interaktionen in Augenschein genommen, und es wird geprüft, ob ein Konsens im Alltag zu aller Zufriedenheit besteht. Das heißt: Auch die Überprüfung der alltäglichen Arbeit in der Praxis ist ein notwendiges Werkzeug zur Erreichung der Teamqualität.

7.3 Berufsethos und Reckahner Reflexionen

Die Orientierungsqualität als Teil der Teamqualität kann sich auch als Berufsethos manifestieren. Das Berufsethos im Team ergibt sich aus den gemeinsamen Werten und Normen, aber auch aus den Überzeugungen, die zum Handeln in der täglichen pädagogischen Arbeit führen. Dies spiegelt sich in der beobachtbaren praktischen Arbeit wider und bestimmt das Bild nach außen. Die Qualität wird damit für andere, wie zum Beispiel die Eltern, sichtbar und lädt zur Bewertung ein.

Mit den **Reckahner Reflexionen** wird ein Papier vorgelegt, das sich mit dem Berufsethos der pädagogischen Fachkräfte auseinandersetzt. Damit hat der Arbeitskreis Menschenrechtsbildung im Jahr 2017 erstmals einen Verhaltenskodex für Pädagoginnen und Pädagogen festgeschrieben, um jegliche Form von Gewalt in den Institutionen gegenüber Kindern zu vermeiden. Gleichzeitig dienen diese Leitlinien dem wertschätzenden Umgang in der Kita. Damit wird jedem Team ein sehr **gutes Instrument zur Orientierungsqualität** an die Hand gegeben.

Die klar formulierten Leitsätze laden ein, sich individuell oder im Team damit zu beschäftigen und somit die Qualität der Arbeit weiterzuentwickeln und zu sichern:

Die zehn Leitlinien aus den Reckahner Reflexionen

Was ethisch begründbar ist:

1. Kinder und Jugendliche werden wertschätzend angesprochen und behandelt.
2. Lehrpersonen und pädagogische Fachkräfte hören Kindern und Jugendlichen zu.
3. Bei Rückmeldungen zum Lernen wird das Erreichte benannt. Auf dieser Basis werden neue Lernschritte und förderliche Unterstützung besprochen.
4. Bei Rückmeldungen zum Verhalten werden bereits gelingende Verhaltensweisen benannt. Schritte zur guten Weiterentwicklung werden vereinbart. Die dauerhafte Zugehörigkeit aller zur Gemeinschaft wird gestärkt.
5. Lehrpersonen und pädagogische Fachkräfte achten auf Interessen, Freuden, Bedürfnisse, Nöte, Schmerzen und Kummer von Kindern und Jugendlichen. Sie berücksichtigen ihre Belange und den subjektiven Sinn ihres Verhaltens.
6. Kinder und Jugendliche werden zu Selbstachtung und Anerkennung der anderen angeleitet.

Was ethisch unzulässig ist:
1. Es ist nicht zulässig, dass Lehrpersonen und pädagogische Fachkräfte Kinder und Jugendliche diskriminierend, respektlos, demütigend, übergriffig oder unhöflich behandeln.
2. Es ist nicht zulässig, dass Lehrpersonen und pädagogische Fachkräfte Produkte und Leistungen von Kindern und Jugendlichen entwertend und entmutigend kommentieren.
3. Es ist nicht zulässig, dass Lehrpersonen und pädagogische Fachkräfte auf das Verhalten von Kindern und Jugendlichen herabsetzend, überwältigend oder ausgrenzend reagieren.
4. Es ist nicht zulässig, dass Lehrpersonen und pädagogische Fachkräfte verbale, tätliche oder mediale Verletzungen zwischen Kindern und Jugendlichen ignorieren. (Wollasch 2020, S. 6)

„Eine Methode für die Praxis

Die Reckahner Reflexionen begnügen sich nicht damit, allgemeine ethische Grundsätze auf dem Papier festzuhalten, sondern wollen Haltung und Verhalten verändern. In den zehn Leitlinien verdichten sich die Erkenntnisse eines mehrstufigen Diskussionsprozesses, den man anhand des Dreischrittes Sehen – Urteilen – Handeln beschreiben kann. Sein besonderer Vorzug liegt darin, dass er bei der vorfindlichen Praxis ansetzt und am Ende der Reflexion wieder zur Praxis zurückkehrt. Abgehobene, wirklichkeitsferne Spekulationen sind damit methodisch von vornherein ausgeschlossen“ (ebd., S. 13).

Berufsethos als Verständnis einer moralischen Verpflichtung ist gerade im Bereich der sozialen Arbeit unabdingbar. Immer wenn die direkte Arbeit Menschen betrifft, darf der Humanismus als grundlegende Haltung nicht vergessen werden. Die Menschlichkeitsbrille aufsetzen, um zu sehen, zu (be-)urteilen und dann angemessen zu handeln, ist das erste, was eine pädagogische Fachkraft tagtäglich vornehmen sollte. Dazu bedarf es wieder der Auseinandersetzung im Team, um gemeinsame ethische Grundsätze für das professionelle Handeln in der Kita als Ausgangspunkt festzulegen.

Jedes Teammitglied orientiert sich zunächst an den eigenen Erfahrungen und Wertungen (in die auch Vorurteile einfließen) sowie an seiner professionellen Haltung. Mit Methoden zur Biografiearbeit und zur Selbstreflexion kann sich dann das Team gemeinsam auf den Weg machen, die eigene Qualität weiterzuentwickeln. Teamqualität und Berufsethos machen sich fest an den eigenen Maßstäben zur Einordnung, was richtig und was falsch ist.

Martin R. Textor (2014, o. S.) bringt es auf den Punkt: „Erzieher/innen benötigen eine Berufsethik, also gemeinsame, ausformulierte und in der Öffentlichkeit vertretene Werthaltungen darüber, was am Arbeitsplatz gut, richtig, gerecht oder normal ist."

„Erkenne dich selbst, bevor du Kinder zu erkennen trachtest. Unter ihnen allen bist du selbst ein Kind, das du zunächst einmal erkennen, erziehen und ausbilden musst."

Janusz Korczak

Teamqualität als Teil des gesamten Qualitätsmanagements in der Kita ist ein entscheidender Faktor, um den Erziehungs- und Bildungsauftrag gelingen zu lassen. Die Orientierungsqualität, also die Haltung und das Verständnis vom Kind und seiner Entwicklung, ist dabei besonders entscheidend und muss gemeinsam betrachtet, diskutiert und als Grundlage der pädagogischen Arbeit verstanden werden. Mit den Reckahner Reflexionen wurde dafür ein praxisorientiertes Instrument geschaffen, das sich mit dem Berufsethos der Pädagoginnen und Pädagogen befasst. Die gemeinsame Auseinandersetzung damit im Team sollte als Pflichtaufgabe angegangen werden.

Reflexion zur Qualität in der Kita

- Welches Bild vom Kind habe ich?
- Haben wir im Team eine gemeinsame Auffassung von Bildung und Erziehung?
- Sind uns gemeinsame Werte wichtig? Findet dazu eine Auseinandersetzung im Team statt?
- Sind wir uns im Team einig über pädagogische Ziele und Methoden?
- Haben wir ein Beschwerdemanagement im Team?
- Bin ich mit der pädagogischen Arbeit in unserer Kita zufrieden?
- Kann die Erziehungspartnerschaft in unserer Einrichtung mit den Eltern gelebt werden? Wenn nicht, woran liegt es?
- Bin ich mit der Zusammenarbeit im Team zufrieden?
- Gehen wir wertschätzend miteinander um?
- Was sollte hinsichtlich der Teamqualität verbessert werden?

Vervollständigen Sie die folgenden Satzanfänge:

Die wichtigste Qualitätsdimension ist für mich ....

....

Orientierungsqualität bedeutet für mich ....

....

Erziehungspartnerschaft mit den Eltern braucht ....

....

Eine gemeinsame Orientierung im Team entsteht durch ....

....

Unsere pädagogischen Ziele sagen viel über die Qualität der Arbeit aus, weil

....

....

Als Qualitätsverbesserung wünsche ich mir ....

....

Wenn ich die Qualität unserer Kita beurteilen soll, dann ....

....

7.4 Übungen zur Teamqualität

Bringen Sie Ihre eigene Meinung ein! Die Diskussion bereichert das Team. Professionelles Arbeiten ist wertvolles Arbeiten.

KREATIVE METHODEN

Orientierungsqualität: das Bild vom Kind – früher und heute

Jedes Teammitglied bringt von sich ein Kinderfoto mit ins Team. Gemeinsam werden die Bilder aufgestellt oder ausgelegt. Zur Betrachtung sollte dabei genügend Zeit eingeplant werden.
Jeder erzählt zu seinem Foto: Wann und wo ist das Foto aufgenommen worden? Wie alt war ich damals? Was kann ich noch über die damalige Situation erzählen? Was waren zu dieser Zeit meine Gefühle? Meine Erwartungen? Meine Wünsche? Wie wurde damals auf mich eingegegangen? Was ist mir dabei besonders in Erinnerung geblieben? Die Kolleginnen und Kollegen dürfen gerne nachfragen.

Daraus abgeleiteter Arbeitsauftrag

- Wie war die Erziehung früher und wie ist sie heute?
- Welche Erziehungsvorstellungen finden wir dabei heraus?
- Wie hat sich das Bild vom Kind verändert?
- Welche Bilder von Kindheit haben wir in unserem Team?

Die Diskussion sollte achtsam geführt werden, da viele persönliche Gefühle mitschwingen können.

KREATIVE METHODEN

Diskussion: Welche Werte bestimmen mein pädagogisches Handeln?

1. Fotografieren Sie im Kita-Alltag pädagogische Situationen und untersuchen Sie diese hinsichtlich der Werte, die das Handeln bestimmen.
2. Gehen Sie nun folgendermaßen vor:

- » Brainstorming: Sammeln Sie dazu Statements aller Teammitglieder auf Kärtchen.
- » Sortieren: Welche Aussagen passen zusammen?
- » Klassifizieren: Überlegen Sie, welche Werte dahinterstehen.
- » Wertehierarchie: Welche Werte sind uns wichtiger als andere?
- » Werte in unserem Alltag: Welche Werte entdecken wir in unserem Kita-Alltag?
- » Werte in unserer Pädagogik: Vergleichen Sie die Wertehierarchie mit Ihrer erlebten Alltagspraxis.
- » Welche Werte werden umgesetzt, woran muss noch gearbeitet werden?
- » Werte, die diskutiert werden sollten: Welche Werte sind noch nicht eindeutig in unserem Team geklärt?

Um diese Wertediskussion im Team vertieft führen zu können, bietet sich ein ganzer Team-Tag an. Das Resultat sollte immer in akzeptables pädagogisches Handeln münden und damit die Qualität in der Einrichtung sichern.

KREATIVE METHODEN

Berufsethos: sichtbare Grundhaltungen

Material: große Blätter zum Bemalen und Bekleben, Filzstifte, Kleber, Zeitschriften und Kataloge mit Fotos und Bildern zum Ausschneiden
Kreative Arbeitsphase: Jede Kollegin malt die professionelle Erzieherin und jeder Kollege malt den professionellen Erzieher auf ein großes Blatt Papier.
Daraus wird dann eine Collage: Alle Fähigkeiten, die eine kompetente Erzieherin oder ein kompetenter Erzieher braucht, werden dazugeklebt. Hierfür werden in den Zeitschriften und Katalogen passende Bilder und Wörter ausgeschnitten.
Präsentation der Ergebnisse: Die Ergebnisse werden nun allen anderen Beteiligten vorgestellt. Nachfragen sind erlaubt.
Auseinandersetzung im Team: Eine vertiefte Auseinandersetzung im Team mit den dargestellten Fähigkeiten einer kompetenten Fachkraft führt zur Frage, was davon im Team für unbedingt erforderlich gehalten wird. Die Antwort auf die Frage „Welche Kompetenzen muss bei uns eine Kollegin oder ein Kollege unbedingt haben?“ mündet in das Verständnis einer gemeinsamen Haltung und damit einer ethischen Grundlage für die Zusammenarbeit im Team.

Kollegiale Beratung: Fallbesprechungen

Hier werden herausfordernde Situationen oder Fälle im Team gemeinsam bearbeitet und zu einer hohen Lösungsqualität geführt.

Zuerst werden alle Rollen festgelegt

Moderation: Die Rolle der Moderatorin oder des Moderators ist wichtig, damit die Fallbesprechung geregelt und geordnet abläuft. Wer diese Rolle innehat, darf aber auch eigene Beiträge zur Beratung einbringen.
Protokollführung: Durch das Notieren, zum Beispiel auf einem Flipchart, werden alle Beiträge visualisiert und gleichzeitig gesichert. Die Rolleninhaberin muss sehr aufmerksam alles erfassen und inhaltlich stimmig, aber auch kurz zusammengefasst aufschreiben. Eigene Beiträge darf sie genauso wie die anderen Teilnehmer beisteuern.
Fallgeberin oder Fallgeber: Zu dieser Rolle wird niemand gedrängt. Akzeptanz, Wertschätzung und Vertraulichkeit müssen durch alle Beteiligten gesichert sein, damit die Fallgeberin offen ihr Anliegen und dazugehörende Gefühle äußern kann.
Alle anderen Teilnehmenden sind **Beraterinnen und Berater:** Ihre Beiträge sind beratende Angebote für die Fallgeberin. Besserwisserei oder Belehrungen sind nicht zulässig. Die einzelnen folgenden Phasen müssen eingehalten werden, um lösungsorientiert zu arbeiten.

Der Ablauf der einzelnen Phasen

1. Die Fallgeberin stellt den Fall vor und beschreibt die zu klärende Situation. Alle anderen hören zu und stellen keine Zwischenfragen. Es ist wichtig, dass für den Bericht ausreichend Zeit gegeben wird. Komplexe Situationen werden für die Zuhörerinnen in Zusammenhängen beschrieben. Die Moderatorin unterstützt und ordnet, wenn notwendig. Die Protokollantin schreibt Stichpunkte oder kurze Sätze auf ein Flipchart, sodass das Wesentliche für alle sichtbar dokumentiert ist.
2. Die anderen Teammitglieder können nun Verständnisfragen stellen, die von der Fallgeberin beantwortet werden. Die Moderatorin strukturiert und unterstützt bei der Einhaltung der Regeln, denn jetzt werden nur Verständnislücken geschlossen; Ratschläge sind in dieser Phase nicht erwünscht. Die Protokollantin ergänzt ihre Aufzeichnungen.
3. Die Fallgeberin bringt noch notwendige Ergänzungen ein und formuliert ihre Frage oder ihr Ziel. Hier unterstützt die Moderatorin die Fallgeberin, um eine konkrete Zielformulierung zu finden. Die Protokollantin schreibt das Ziel für alle gut sichtbar auf.

4. Die Beraterinnen und Berater hören zu und versetzen sich in die Lage der Fallgeberin. Sie entwickeln Lösungsmöglichkeiten und bringen ihre Einschätzungen vor. Tipps und Antworten zur Frage werden jetzt der Fallgeberin vorgestellt, ohne dabei deren Wahrnehmung zu bewerten. Verschiedene Herangehensweisen und Sichtweisen werden deutlich und bringen neue Perspektiven zur vorgetragenen Situation oder zum eingebrachten Fall. Die Fallgeberin hört aufmerksam zu.
5. In der letzten Phase entscheidet die Fallgeberin, welche Tipps und Möglichkeiten sie annimmt. Sie legt für sich die nächsten lösungsorientierten Schritte fest, um das Ziel zu erreichen. Am Schluss bedankt sie sich für die Hilfe bei den Kolleginnen und Kollegen.

Ergebnisse für das Team

- Im Rahmen der kollegialen Beratung wird die Handlungskompetenz durch die gegenseitige Unterstützung im Team erweitert.
- Durch die Nutzung des vielfältigen Erklärungs- und Erfahrungswissens innerhalb des Teams findet die Orientierung an den Ressourcen statt.
- Die Stärkung der Kooperationsfähigkeit und der Selbstverantwortung aller beteiligten Kolleginnen und Kollegen ermöglicht eine qualitative Teamentwicklung.

Ergebnisse auf der Meta-Ebene

- Bei der kollegialen Beratung wird oft deutlich, welche Haltungen und welche pädagogischen Werte im Team vorhanden sind.
- Eventuell ergeben sich daraus Themen für einen Team-Tag.

KREATIVE METHODEN

Selbstreflexion als Teamaufgabe: Erziehungspartnerschaft mit den Eltern

Setzen Sie sich im Team mit den folgenden Thesen auseinander:
- Eltern und pädagogische Fachkräfte sind Partner, die zum Wohle des Kindes zusammenarbeiten.
- Die Eltern sind die natürlichen Experten für ihr eigenes Kind.
- Die pädagogischen Fachkräfte sind für das Gelingen der Erziehungs- und Bildungsarbeit in der Kita verantwortlich.

Zuerst macht sich jedes Teammitglied seine Gedanken dazu und bewertet die Thesen für sich nach richtig oder falsch. Hilfreich sind dabei folgende Fragen: Welcher These kann ich zustimmen? Welcher These stimme ich nicht zu?
Jedes Teammitglied bekommt nun eine Skala in Papierform, um die genannten Thesen der eigenen Gewichtung nach einzutragen.

10 = Die These ist richtig

„Die pädagogischen Fachkräfte sind für das Gelingen der Erziehungs- und Bildungsarbeit in der Kita verantwortlich."

„Eltern und pädagogische Fachkräfte sind Partner, die zum Wohle des Kindes zusammenarbeiten."

„Die Eltern sind die natürlichen Experten für ihr eigenes Kind."

0 = Die These ist falsch

Im Anschluss werden die Ergebnisse verglichen und diskutiert. So kann bei jedem Thema ein Abgleich der Orientierungsqualität im Team stattfinden.

KREATIVE METHODEN

Reckahner Reflexionen: unsere Leitlinien in der Kita

Ziel: Mit der Selbstreflexion und der anschließenden Teamdiskussion der Leitlinien aus den Reckahner Reflexionen (die Leitlinien finden Sie auf Seite 101 f. als Kopiervorlage für diese Methode) erreichen Sie die Sensibilisierung der Teammitglieder für die Auseinandersetzung mit ihrer Orientierungsqualität – mit Haltungen, Einstellungen und Überzeugungen zur pägagogischen Arbeit in der Kita.

Aufgabe: Die „ethisch begründbaren Leitlinien" werden den „ethisch unzulässigen Leitlinien" (siehe Kopiervorlage) gegenübergestellt. Dazu eignen sich zwei Plakate, auf denen die jeweiligen Leitlinien festgehalten sind, die an der Wand nebeneinander aufgehängt werden. Beim Durchlesen kann schon eine angeregte Diskussion entstehen. Auf kleinen Post-its werden Unklarheiten und Fragen notiert, die neben die betreffenden Leitlinien geheftet werden, um dann im Team weiter darüber zu diskutieren.

Jedes Teammitglied bekommt fünf Klebepunkte, die den Leitlinien nach Wichtigkeit zugeordnet werden. Dabei darf gehäufelt werden, das heißt, es können auch zum Beispiel alle fünf Punkte bei einer Leitlinie aufgebraucht werden. Anschließend werden die drei am häufigsten gewählten Leitlinien in eigene Worte passend zur jeweiligen Kita umformuliert.

Variante: Es kann auch sein, dass sich das Team nicht völlig in den vorgegebenen Leitlinien wiederfindet. Dann können auch eigene, neue Leitlinien hinzugefügt werden. Die Reckahner Reflexionen dienen dabei zur Inspiration.

8 Wer hat an der Uhr gedreht? Neue Anforderungen – neue Ansprüche

Smarte Kitas – Kita-Digitalisierung – Kita-Apps: Hier handelt es sich nur um ein Blitzlicht, das kurz aufzeigt, was seit einigen Jahren verstärkt in den Bildungseinrichtungen für die Jüngsten diskutiert wird und neue Anforderungen für die Kita-Teams bedeutet. Die Pädagogik orientiert sich jedoch nicht nur neu durch den Einfluss der Technologien, sondern auch durch das aktuelle Zeitgeschehen. Die pädagogische Neuorientierung wird allein schon durch wissenschaftliche Erkenntnisse notwendig. Dazu kommen gesellschaftspolitische Veränderungen, wie der ausgeweitete Rechtsanspruch für Betreuung, Erziehung und Bildung, und konträr dazu der Fachkräftemangel sowie Finanzierungsprobleme. Eine Lösung ist noch nicht in Sicht.

8.1 (Gesellschaftliche) Veränderungen bringen neue Anforderungen

Kitas sind offene Systeme und damit wirken Einflüsse von außen in diese Organisationen hinein. Doch wie geht man damit um? Alles annehmen? Alles ablehnen? Oder irgendwas dazwischen? Aber was?

Kitas sollen wie moderne Unternehmen funktionieren und dazu sind Techniken aus der Wirtschaft in die Einrichtungen eingeführt worden. Agiles Management wie Changemanagement und Leadership wurden bereits begrifflich aus der Organisationsentwicklung übernommen und fließen in das Alltagsgeschäft ein. Ergebnisse werden dokumentiert und verglichen sowie Prozesse nachgesteuert, um sich den aktuellen Veränderungen stellen zu können.

Managementtools sind oft hilfreich, aber eine pädagogische Einrichtung funktioniert nicht unbedingt wie ein Wirtschaftsunternehmen. Anforderungen von außen dürfen nicht kritiklos hingenommen werden, denn hier geht es auch immer um die Aufgabenerfüllung in besonderer pädagogischer Verantwortung für die Kinder und deren Zukunft. Die Leitung steht dabei nicht allein in dieser Verantwortung, sondern das gesamte Team. Leadership bedeutet, dass das Team den Anforderungen von außen nicht ausgeliefert ist, sondern selbst auswählen kann, welche neuen Aufgaben sinnvoll gemeinsam bewältigt werden können.

Aktuell ist die Betreuung, Erziehung und Bildung unserer nächsten Generation in aller Munde. Einerseits ist dies eine positive Entwicklung, da die Bedeutung der Kitas in der Gesellschaft erkannt wird. Andererseits kann dies auf die Arbeit innerhalb des Systems belastend wirken. Dass hier Verbesserungsbedarf besteht, wissen wir bereits aus den großangelegten Untersuchungen der letzten Jahre, wie den PISA-Studien (seit 2000) und den NUBBEK-Studien (seit 2012). Neue Erkenntnisse und neue Anforderungen in den Kindertageseinrichtungen gehen Hand in Hand mit gesellschaftlichen Veränderungen. Die Aufträge an die Elementarpädagogik werden daher immer mehr.

8.2 Wissenskonzepte für die Praxis

Mit neuen Herausforderungen muss auf unterschiedlichen Ebenen umgegangen werden. Das heißt: Wissenskonzepte werden in Handlungskonzepte umgewandelt. Die Begleitung von Bildungs- und Erziehungsprozessen der Kinder und die dazugehörende Familienorientierung in Verbindung mit der notwendigen Kooperation mit Partnern im sozialen Umfeld sind dabei Kernaufgaben. Lebensweltorientierung und die Beachtung der Kinderrechte werden in der praktischen Arbeit sichtbar. Dies geschieht, indem fachliches Wissen überprüft und in die Anwendung zum Wohl der Kinder in die Praxis transferiert wird. Beschäftigen Sie sich dazu mit den verschiedenen Wissenskonzepten in Ihrer Praxiseinrichtung:

Wissen für die Praxis: Theoretische und empirische Erkenntnisse, die Sie bereits während Ihrer Ausbildung erworben haben, setzen Sie jetzt in Ihrem jeweiligen Berufsfeld in pädagogisches Handeln um.
Wissen über die Praxis: Einrichtungsspezifische Kenntnisse erweitern durch Reflexion Ihre Fachlichkeit.

Wissen innerhalb der Praxis: Ihr Erfahrungswissen führt Sie durch die systematische Erforschung der eigenen Handlungskompetenz zu mehr Handlungssicherheit in der beruflichen Arbeit.
Wissen über die eigene Person: Das Wissen, das durch Ihre selbstkritische Reflexion der eigenen Werte, der personalen Sozialisation, der selbstgesetzten Ziele und deren Wirkungen auf die professionelle Rolle und die eigene Fachlichkeit entsteht, überprüfen und entwickeln Sie weiter.

Neue Anforderungen bringen Teams an ihre Leistungsgrenze

Die Teams in den Kitas sind leistungsbereit und wollen stets ihr Bestes geben, um die Erziehung und Bildung der ihnen anvertrauten Kinder zu unterstützen und die verlässliche Betreuung zu gewährleisten. Aber – viele sind an ihrer Leitungsgrenze angelangt. Wollen wir Menschen gewinnen, die diesen Beruf weiterhin und in Zukunft viele Jahre lang ausüben wollen und können, dann muss vor zu hohen Anforderungen und Erwartungen gewarnt werden. Der Träger und auch die Gesellschaft müssen hier den „Ball zur Erfüllung" aufnehmen und Bedingungen schaffen, dass das Kerngeschäft in den Einrichtungen vom Team noch geleistet werden kann. Es kann nicht sein, dass berechtigte Erwartungen einfach ohne Änderung der Rahmenbedingungen als Aufgaben an die Kolleginnen und Kollegen in den Kitas gegeben werden. Gehen wir alle achtsam mit unseren wichtigen Fachkräften um!

Die Digitalisierung und die Entwicklung der neuen Medien sind eine große Herausforderung, der sich die Bildungs- und Erziehungseinrichtungen stellen müssen. Eine weitere besteht schon länger: Pädagogische Handlungskonzepte sind so vielfältig, wie die wissenschaftlichen Kenntnisse voranschreiten. Ein pädagogisches Konzept prägt die Arbeit in der Praxis und wird in der Konzeption festgeschrieben. Nach außen stellt die Kita auf diese Weise ihr Profil dar, die Konzeption bildet quasi die Visitenkarte, und ermöglicht es Außenstehenden, sich ein Bild von der Einrichtung zu machen. Doch in den letzten Jahren haben neue Handlungskonzepte eine Art Hoch-Zeit erlebt. Bindungstheorie, Qualitätsdimensionen, Kinderrechte und Lebensweltstrukturierung – gefühlt jeden Monat halten neue Ergebnisse wissenschaftlicher Forschungsarbeit Einzug in die praktische Umsetzung der Kitas.

An einer einrichtungsspezifischen Konzeption gemeinsam zu arbeiten, erhöht die Teamqualität und die Möglichkeit der engagierten Mitarbeit, motiviert die einzelnen Kolleginnen und Kollegen und sorgt für ihre Identifikation mit der Organisation.

8.3 Teamreaktionen auf neue Anforderungen

Susanne Viernickel und weitere Autorinnen (2013, S. 38) richten ihr Augenmerk auf das „Umsetzungsdilemma [...], das durch das von ihnen nicht auflösbare Spannungsverhältnis zwischen nicht ausreichenden Rahmenbedingungen und steigenden qualitativen wie quantitativen Anforderungen entsteht [...]. In allen Aufgabenbereichen bräuchten die pädagogischen Fachkräfte ihrer Einschätzung nach doppelt so viel Zeit für die mittelbare pädagogische Arbeit wie sie aktuell aufwenden können." Teams reagieren darauf sehr unterschiedlich, wobei **drei Teamtypen** identifiziert werden können (ebd., S. 14 ff.):

Distanzierte Teams

Diese Teams zeigen eine ablehnende Haltung gegenüber den Anforderungen von außen, halten sie für nicht umsetzbar und distanzieren sich davon. Sie haben jedoch keine eigenen pädagogischen Ideen entwickelt, die sie diesen Anforderungen entgegensetzen könnten, und befinden sich deshalb sowohl in einem Umsetzungs- als auch in einem Orientierungsdilemma. Sie schätzen ihre eigenen Partizipations- und Gestaltungsmöglichkeiten als sehr gering ein und greifen in der pädagogischen Praxis überwiegend auf eingespielte Handlungsoptionen zurück. Vermutlich haben es die Leitungskräfte versäumt, mit ihrem Team eine pädagogische Konzeption auf der Basis gemeinsamer Überzeugungen und fachlich begründeter Überlegungen zu erarbeiten. Diese Teams leiden besonders unter fehlender Anerkennung ihrer Arbeit von außen.

Umsetzungsorientierte Teams

Fachkräfte dieses Teamtyps erleben sich als aktive, professionelle Akteure mit großer Verantwortung und fühlen sich in hohem Maße den Vorgaben der Bildungsprogramme verpflichtet, die sie möglichst umfassend umzusetzen versuchen. Ihre Priorität liegt auf der Erfüllung der Anforderungen und weniger auf den Bedürfnissen von Kindern und Familien. Diese Haltung wird von den Leitungskräften durch entsprechende Forderungen forciert, die Fachkräfte fühlen sich dadurch einem hohen Erwartungsdruck ausgesetzt. Sie erleben Überlastungssituationen, die sie aufgrund der mangelnden Ressourcen kaum bewältigen können.

Wertekernbasierte Teams

In diesen Teams werden Bildungsprogramme als wichtige Anregung und Arbeitsgrundlage geschätzt, bilden jedoch nicht die alleinige Orientierungsgrundlage. Die Fachkräfte leiden somit weniger unter dem Widerspruch zwischen Vorgaben und Rahmenbedingungen, weil diese nicht die alleinige Richtschnur ihres Handelns sind. Vielmehr gestalten sie die pädagogische Arbeit souverän auf der Basis einer gemeinsam entwickelten und reflektierten Grundhaltung. Ihre Aufmerksamkeit gilt den Bedürfnissen der Kinder und ihren Familien. Bildungsprogramme – und vermutlich auch Qualitätsanforderungen – werden im Team aufgegriffen und reflektiert und als Impulse für die eigene Arbeit geschätzt und genutzt. Dabei zeichnen sich diese Teams durch ein hohes Maß an selbstständigem Agieren aus. Typischerweise unterstützen Leitungskräfte die Position des Teams und die Umsetzung des eigenen pädagogischen Profils und gestalten die Zusammenarbeit in einem Klima wertschätzender Kooperation.

Eine wertebasierende Auseinandersetzung mit der gemeinsamen Arbeit und dem Ziel, das Wohl der Kinder und Familien in den Fokus zu nehmen, ist sicherlich eine gute Grundlage. Daraus kann dann die gemeinsame Stärke folgen, sich neugierig und offen den Veränderungen und damit verbundenen Anforderungen zu stellen, um sich bewusst auch mit eigenen Grenzen und den vorhandenen Rahmenbedingungen auseinanderzusetzen.

8.4 Umgang mit Belastungen im Team

In den meisten Teams finden wir unterschiedliche Reaktionen auf neue Anforderungen und Belastungen. Eine Mischung der Teamtypen scheint am häufigsten in den Einrichtungen verbreitet. Der Erwartungsdruck, dass immer wieder neue Anforderungen erfüllt werden, ist überall groß. Fehlende Unterstützung von außen wirkt demotivierend und behindert dabei, aus eigener Kraft Lösungen zu suchen. Die pädagogische Arbeit als Herzstück des Berufs möchte keine Fachkraft vernachlässigen. Und doch hört man vermehrt Aussagen wie: „Das auch noch?!“, „Wann sollen wir das denn schaffen?“, „Dazu reicht die Zeit nicht!“ Die Work-Life-Balance ist dauerhaft gefährdet. Zeitmangel als Totschlagargument und Zeitmanagement als Zauberwort sind ständige Begleiter wachsender Ansprüche.

Zeitmanagement meint die Herausforderung, dass die Zeit ausreicht, alle Aufgaben und Erwartungen zu erfüllen. Hier gibt es viele Tipps und Methoden, die bei der Planung und der Herangehensweise Hilfe versprechen. Eine gute, übersichtliche Struktur und Überlegungen, was wie bis wann erledigt werden sollte, sind als Grundprinzipien zu verstehen, ebenso **entlastende Leitsätze** wie: „70 Prozent Perfektionismus ist genug.“, „Sortiere nach Dringlichkeit.“, „Mach immer zuerst eine Aufgabe, die dir Freude bereitet.“ – und „Delegieren ist intelligent.“

Ein Entlastungssatz könnte in jedem Personalraum als gemeinsames Prinzip ausgehängt werden – formulieren Sie doch in Ihrem Team gemeinsam einen Satz, der funktioniert, zum Beispiel: „Unsere Fehler sind beachtenswerte Variationen." Sorgen Sie für sich sowie für Ihre Kolleginnen und Kollegen, damit die Arbeit jeden Tag Freude bereitet. Freude und Humor sind sehr gute Antistress-Prinzipien und tragen zu Gesundheit und Resilienz bei.

Feste Zeitfenster für die Bearbeitung von Aufgaben und eine Verteilung der Aufgaben im Team sind eine lösungsorientierte Herangehensweise. Dies sollte nicht nach dem Top-down-Verfahren geschehen, sondern im gemeinsamen Einvernehmen. Im Team müssen die Zeitfresser und die Störer bei der Aufgabenerfüllung gefunden werden. Ursachen und Arbeitsverständnis sind hier zu analysieren. Zu viele und unklare Aufgaben sind Themen, die ebenfalls mit dem Träger besprochen werden sollten. Oft kommen auch von außen Erwartungen und Ansprüche, die nicht erfüllt werden können; das muss dann an den Auftraggeber zurückgemeldet werden.

8.5 Umgang mit der Gesundheit im Team

Krankenkassenstudien melden eine Zunahme von Krankheitstagen bei pädagogischem Fachpersonal. Ein Ungleichgewicht zwischen Aufgabenfülle und Zeitressourcen kann zu steter Überlastung und Überforderung und sogar zum Burn-out führen. Die Gesunderhaltung jeder Kollegin und jedes Kollegen ist als gemeinsamer Teamauftrag von allen ernst zu nehmen. Vertretungen und die Arbeit mit wenig Personal sind Belastungen, die sich auf das gesamte Team auswirken. Unzufriedenheit und Krisen im Team sind die Folgen, die die Qualität auf allen Ebenen beeinträchtigen. Auswirkungen finden wir oft nicht nur in den Arbeitssituationen, sondern auch immer häufiger im privaten Bereich. Deshalb ist es umso wichtiger, hier Abhilfe zu schaffen. Gesundwerden und Gesundbleiben sind Teamforderungen und Teamanforderungen gleichermaßen. Hier lohnt es sich, sich mit den Inhalten der **Salutogenese** einmal näher zu beschäftigen.

„Salutogenese" meint die Abkehr von einem Gesundheitsbegriff, der nur auf die Abwesenheit von Krankheit fixiert ist, und zielt stattdessen positiv auf einen Zustand und Prozess, der Gesundheit als Ziel vor Augen hat. Der Begriff geht auf den Medizinsoziologen Aaron Antonovsky (1923–1994) zurück, der ein Resilienz-Modell entwirft, das kognitive Bewältigungsstrategien zur Abwehr von Gesundheitsrisiken und Chancen zur Gesundwerdung betont. Neben Giftstoffen, Bakterien, Viren etc. werden hier auch Leistungsdruck und soziale Beziehungen als wichtige Faktoren gesehen, die Einfluss auf die Gesundheit haben.

Salutogenese als Resilienz-Modell sollte in jedem Team ein Thema sein. Aaron Antonovsky nennt dazu **drei Grundfähigkeiten**:

- **Verstehbarkeit:** die Zusammenhänge des Lebens verstehen können
- **Handhabbarkeit:** das Gefühl, sein eigenes Leben gestalten zu können
- **Bedeutsamkeit:** das Gefühl, dass alles einen Sinn hat

Und: „Wer es schafft, diese Fähigkeiten in seinem Leben in Balance zu halten, der erlebt ein Gefühl der Stimmigkeit – der Kohärenz – und bleibt so länger gesund“ (https://www.herder.de/leben/lebensberatung-und-psychologie/salutogenese/).

Übertragen wir doch einmal diese drei Begriffe auf unser Team

Verstehbarkeit: Kennen wir die Zusammenhänge unserer Arbeit? Oder arbeiten wir einfach so, weil wir es schon immer so machen?
Handbarkeit: Können wir alle unsere Arbeit auch gestalten? Oder handeln wir nur nach Anordnungen und Vorgaben?
Bedeutsamkeit: Verstehen wir den Sinn unserer Arbeit? Wie sinnhaft ist unser Tun oder wie selbstwirksam erleben wir uns?

Resiliente Fachkräfte sind immer auch Vorbilder für die Kinder in der Kita; damit ist es eine wichtige Aufgabe, an der eigenen Widerstandsfähigkeit zu arbeiten. Resilienz sollte deshalb als Teamaufgabe angenommen werden. Achtsamkeit gegenüber den eigenen Ressourcen und genauso gegenüber denen der Kolleginnen und Kollegen sollte als Teamkultur gelebt werden.

> **„Und dann muss man ja auch noch Zeit haben, einfach dazusitzen und vor sich hinzuschauen.“**
> **Astrid Lindgren**

Die Fachkräfte sind aufgefordert, mit sich und untereinander achtsam umzugehen, trotz allem müssen sie sich den neuen Aufgaben stellen. Hierzu brauchen sie die Unterstützung des Trägers, der Eltern und nicht zuletzt die Anerkennung in der Gesellschaft für ihre geleistete Arbeit.

REFLEXION

Reflexion zum Umgang mit Veränderungen/Herausforderungen

- Welche Herausforderungen sind für mich belastend?
- Welche Herausforderungen sind für mich motivierend?
- Wie bringe ich Struktur in meine Arbeit?
- Welche Prioritäten setze ich in meiner Arbeit?
- Wodurch schöpfe ich Kraft und Energie?
- Welche Informationswege haben sich in unserem Team bewährt?
- Bringen uns Neue Medien Erleichterungen in manchen Arbeitsprozessen?
- Sollten wir mehr Neue Medien nützen?
- Wie transparent sind in unserem Team die Erwartungen und Anforderungen, die von außen an uns herangetragen werden?
- Nehmen wir die Erwartungen der Eltern im Team auf und entwickeln daraus gemeinsame Herangehensweisen?
- Sind die Arbeitsanforderungen des Trägers allen Teammitgliedern bekannt?

Reflexion zur Achtsamkeit

- Welchen positiven Augenblick habe ich heute bewusst wahrgenommen?
- Was brauche ich, um gesund zu bleiben?
- Wie achten wir gegenseitig auf unsere Gesundheit im Team?
- Welche Tipps möchte ich dazu noch geben?
- Wo erlebe ich Selbstwirksamkeit und Sinnhaftigkeit in der Arbeit?
- Welchen Inhalt wünsche ich mir für die nächste Teamsitzung?
- Wie sieht ein gelungener Team-Tag für mich aus?

Vervollständigen Sie die folgenden Satzanfänge:

Mich macht stark, dass ....

....

Gesundheit im Team bedeutet für mich ....

....

Selbstwirksamkeit erlebe ich durch ....

....

Ich gestalte vieles in meiner Arbeit selbst, weil ....

....

Kohärenz bedeutet für mich ....

....

Vom Träger erwarte ich ....

....

Für mich selbst sorge ich gut, wenn ....

....

Für meine Teamkolleginnen und -kollegen sorge ich gut, wenn ....

....

8.6 Übungen zu Achtsamkeit und Gesundheitserhaltung im Team

Achten Sie auf sich und auf die anderen! Gehen Sie Ihren Bedürfnissen auf den Grund. Passen Sie im Team gut aufeinander auf.

KREATIVE METHODEN

Unsere Mail-Box: gute Nachrichten für alle!

Schaffen Sie eine „Mail-Box" für Ihr Team an; das kann eine schöne Dose oder eine kleine Schatztruhe sein – gekauft oder gebastelt. In diese Box kommen die guten Nachrichten. Das bedeutet, jedes Teammitglied schreibt gute Gedanken, Wünsche, Bemerkungen auf kleine Zettel als Nachrichten an die Kolleginnen und Kollegen. Später wird die Box gemeinsam geöffnet und die Zettel werden vorgelesen. Die „Mail-Box" eignet sich als Ritual zu Beginn des wöchentlichen Teamgesprächs.

Die guten Gedanken können aufgehoben werden – sie kommen dann in den „Speicher", das kann das Teambuch sein oder eine schöne Schachtel.

Achtsamkeitssätze

Lassen Sie die folgenden Achtsamkeitssätze im Team einfach auf sich wirken.

„Mit jedem Atemzug
Es ist wunderbar zu wissen, dass Glück nur so lange währt wie die Dauer eines Atemzuges oder eines Schrittes, denn gleichzeitig wissen wir, dass unser Glück mit dem nächsten Atemzug oder Schritt erneuert wird. Vorausgesetzt, wir beherrschen die Kunst, Achtsamkeit, Konzentration und Einsicht in uns zu erzeugen“
(Thich Nhat Hanh 2022, S. 40).

„Hunderprozentig
Können Sie sich vorstellen, wie viel Macht unsere Handlungen haben, wenn jede einzelne mit hundertprozentiger Aufmerksamkeit durchgeführt wird“
(ebd., S. 16)?

„Das Wunder der Gegenwart
Alle Wunder des Lebens, der blaue Himmel, die Blumen, der Fluss, die Kinder, all das finden wir nur im gegenwärtigen Augenblick“
(ebd., S. 71).

„Staunen können
Wie wunderbar ist jeder Augenblick, in dem wir über Kinder staunen können!“
(Andrea Przybilla)

Vorschläge zum Umgang mit den Sätzen

- Hängen Sie die Achtsamkeitssätze im Personalraum aus – die Wirkung kommt von alleine.
- Am nächsten Team-Tag suchen Sie sich einen Lieblingssatz aus und nehmen sich Zeit, dem Gedanken nachzuschwingen.
- Suchen Sie sich einen Satz aus und nehmen sie ihn – in schriftlicher Form oder nur in Gedanken – mit nach Hause.
- Hängen Sie die Achtsamkeitssätze des Teams auch für die Eltern aus.

KREATIVE METHODEN

Ästhetik tut der Seele gut

Nun brauchen Sie etwas Zeit für folgende Teamaufgaben:

- Sorgen Sie für aufgeräumte Räume.
- Entrümpeln Sie auch einmal in der Enrichtung.
- Sorgen Sie dafür, dass jedes Teammitglied einen persönlichen Platz für Privates hat.
- Jede Kollegin und jeder Kollege bekommt sein eigenes Handtuch im Waschraum.
- Wer möchte, nutzt eine persönliche Kaffeetasse.
- Im Personalraum dürfen auch im Team ausgewählte Bilder aufgehängt werden.
- Schmücken Sie den Raum mit Blumen, Bildern, Tüchern und allem, was gefällt, aber achten Sie darauf, ihn nicht zu überladen. Weniger ist mehr, das ist auch hier die Devise.
- Diskutieren Sie gemeinsam, was als „schön“ empfunden wird und was „allen Seelen“ im Team guttut.

KREATIVE METHODEN

Ko-Konstruktion: Collage meines Selbst

Nehmen Sie sich die Zeit, an sich selbst zu denken. Vergessen Sie dabei aber nicht den Austausch im Team. Eine Möglichkeit dazu ist die folgende Übung.

Sie brauchen verschiedenes Bastelmaterial nach persönlicher Vorliebe: Plakate oder Tonpapierbögen, buntes Papier, Kleber, Malstifte und Wachsmalkreiden, Naturmaterial, aber auch Glitzer und und und.

Erster Schritt: Sie gestalten sich als pädagogische Fachkraft so, wie Sie sich sehen. Sie dürfen ruhig etwas übertreiben. Wenn Sie dazu Glitzer oder stachelige Tannennadeln brauchen – dann kleben Sie dies auf. Lassen Sie Ihrer Kreativität freien Lauf!

Zweiter Schritt: Sie tauschen sich im Team darüber aus, wie Sie sich dargestellt haben. Gemeinsam fangen Sie den „freien Lauf der Kreativität“ jetzt wieder ein und überlegen zusammen, was Sie im Team brauchen, um Ihre verschiedenen Erzieherpersönlichkeiten auch im Alltag (er-)leben zu können.

Dritter Schritt: Nun schreiben Sie diese Überlegungen als Forderungen auf.

> *Wir brauchen für unsere Erzieherpersönlichkeiten:*
>
> - *Mehr Austausch untereinander*
> - *Wöchentliche Vorbereitungszeit*
> - *Gemeinsame Teamfortbildung*

Vierter Schritt: Ihre Forderungen sollen nun realisiert werden, Ihre Erzieherpersönlichkeiten können sich weiterentwickeln. Welche Schritte müssen Sie gehen? Wer übernimmt dabei welche Aufgaben? Legen Sie einen Maßnahmenplan an:

Aufgabe	Wer?	Was?	Bis wann?
Team-Tag	Claudia	meldet Wunsch dem Träger und holt Genehmigung ein	15. Februar
Team-Tag	Claudia	informiert das Team über das Ergebnis	16. Februar
Team-Tag	Melanie	informiert den Elternbeirat und schreibt einen Elternbrief	20. Februar
Team-Tag	Franzi und Max	planen die Inhalte und den Ablauf	28. Februar
Team-Tag	Moni und Ben	sorgen für die Rahmenbedingungen	20. März
Team-Tag	Alle	führen den Team-Tag durch	31. März
Team-Tag	Claudia und Melanie	sind verantwortlich für Dokumentation und Evaluation	15. April

Zeitmanagement: unser Zeittagebuch

Legen Sie ein Zeittagebuch für eine Woche an und besprechen Sie das Vorhaben dann in der nächsten Teamsitzung. Vergleichen Sie Ihre Ergebnisse untereinander.

Name: Tag:	Was mache ich?	Was hat gestört?	Bin ich fertig geworden?	Bin ich zufrieden?
7–8 Uhr	Frühdienst: Kinder in Empfang nehmen Telefondienst und Notiz, welche Kinder nicht kommen	Viele Telefonanrufe von Eltern, um kranke Kinder abzumelden	Nein, denn ich konnte mich zu wenig den Kindern widmen, hatte Stress, die Entschuldigungen ordentlich aufzuschreiben	Nein, da ich lieber für die Kinder da sein möchte als für das Telefon; „Zettelwirtschaft" bei den Entschuldigungen für die Kolleginnen
8–10 Uhr	Angebote für Kinder vorbereiten	Material hat gefehlt	Nein	Nein
10–12 Uhr	Frühere Abholung eines Kindes ermöglicht	Eltern sind zu früh gekommen, haben dies nicht kommuniziert	Nein	Nein
12–14 Uhr	Elterngespräch	War nicht darauf vorbereitet	Ja, aber es war stressig	Fühlte mich überrumpelt
14–16 Uhr	Freispielbegleitung	Meine starken Kopfschmerzen	Konnte zu wenig mitspielen	Nein, hätte gerne eine kurze Auszeit gehabt
16–17 Uhr	Schlussdienst	Handwerker kam kurz vor Dienstschluss zur Heizungsüberprüfung	Nein, 20 Minuten später Dienstschluss	Mir ist nicht klar, ob wir das so hinnehmen müssen

Tragen Sie im Team die aufgetauchten Probleme zusammen. Suchen Sie gemeinsam nach Lösungen.

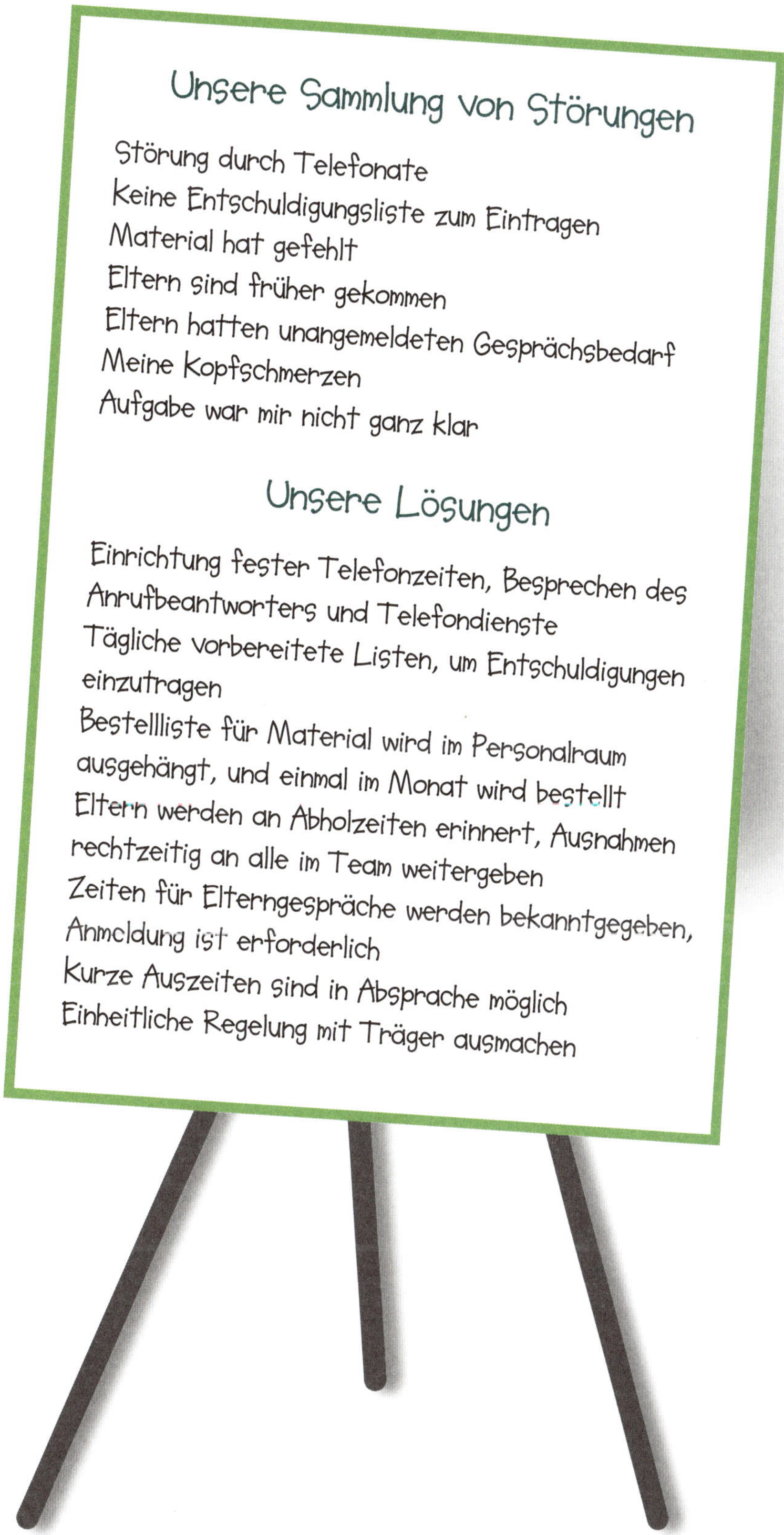

Ein Team-Tag zur Salutogenese

Um Ihre Gesunderhaltung zu thematisieren und dafür gute Ideen zusammenzutragen, eignet sich ein Team-Tag. Bitten Sie Ihren Träger, die notwendigen Rahmenbedingungen dafür zu schaffen, und informieren Sie rechtzeitig die Eltern, wann die Einrichtung geschlossen sein wird. Begründen Sie, dass Sie alle gemeinsam an Ihrer Gesunderhaltung arbeiten möchten, um mit voller Kraft für die Kinder da sein zu können. So machen Sie deutlich, dass dieser Team-Tag nicht nur in Ihrem Interesse ist, sondern auch im Interesse der Kinder, der Eltern und des Trägers.

Bei diesem Team-Tag setzen Sie sich ganz gezielt mit Ihren Bedürfnissen und Ressourcen auseinander. Die folgenden Impulse (vgl. herder.de/salutogenese) – hier bezogen auf die Situation im Team – können zur Bearbeitung einladen:

- **Stimmigkeit:** Was brauche ich an meinem Arbeitsplatz für mich? Kann ich im Team authentisch sein?
- **Attraktive Gesundheitsziele:** Was erhält mich bei meiner Arbeit gesund? Welche Faktoren an meinem/unserem Arbeitsplatz kann ich/können wir verbessern, um gesund zu bleiben?
- **Ressourcen:** Was kann ich und was davon kann ich in mein Team einbringen? Was erfüllt mich in meiner Arbeit?
- **Subjekt und Subjektives:** Orientieren wir uns im Team an gemeinsamen Zielen? Finde ich meine Werte in der Kita wieder?
- **Systemische Selbstregulation:** Bin ich ins Team integriert? Begegnen wir uns im Team mit gegenseitiger Wertschätzung und Beachtung?
- **Entwicklung und Evolution:** Kann ich mich bei meiner Arbeit in der Kita weiterentwickeln? Gibt es bei uns eine gemeinsame Teamentwicklung?
- **Möglichkeiten:** Erhalte ich Unterstützung durch meine Teamkollegen, wenn es mir nicht so gut geht? Werde ich auch dann noch im Team geschätzt, wenn ich mal Fehler mache?

Im Team sollte es möglich sein, auch Schwächen zeigen zu können. Gegenseitiges Verständnis und Unterstützung sind dann selbstverständlich. Aktuelle eigene Bedürfnisse können offen ausgesprochen werden. Doch darf niemand die anderen ausnützen, um nur für sich besondere Privilegien einzufordern. Zusammenhalt im Team gibt es nur, wenn alle die Ressourcen schützen und nutzen.

> Eine Vorlage zur Planung eines Team-Tag inklusive verschiedener Methoden finden Sie zum Download unter www.herder.de/extras

Literatur

Becker-Stoll, Fabienne (2013): Qualität in der Krippe. Verfügbar unter: https://www.nifbe.de/component/themensammlung?view=item&id=415:qualitaet-in-der-krippe&catid=61 (Zugriff am 14.05.2023).

Belbin, Meredith (1993): Team Roles At Work. Oxford: Butterworth Heinemann.

Birker, Gabriele & Birker, Klaus (2001): Teamentwicklung und Konfliktmanagement. Effizienzsteigerung durch Kooperation. Berlin: Cornelsen.

Dettling, Isabelle P. (2021): Eine für alle und alle für einen. Was macht ein echtes Kindergartenteam aus? Grundlagen der Teamentwicklung im Kindergarten. Verfügbar unter: https://www.kindergartenpaedagogik.de/fachartikel/kita-leitung-organisatorisches-teamarbeit/kita-leitung-und-teamarbeit/eine-fuer-alle-und-alle-fuer-einen-was-macht-ein-echtes-kindergartenteam-aus/ (Zugriff am 14.05.2023).

Deutsches Jugendinstitut (DJI) (Hrsg.) (2021): Fachkräftebarometer Frühe Bildung. München.

Edelmann, Katja (2016): Qualitätsmanagement in Kitas. Verfügbar unter: www.nifbe.de/component/themensammlung?view=item & id=163:einfuehrung-in-qualitaetsmanagement-in-kitas (Zugriff am 14.05.2023).

Friedmann, Lisa (2021): Diverse Teams sind erfolgreicher. Verfügbar unter: www.iqb.de/karriere-magazin/unternehmenskultur/unternehmenskultur-diverse-teams-sind-erfolgreicher (Zugriff am 14.05.2023).

Fthenakis, Wassilios E. (2022): Die Zukunft der smarten Kita. In: Meine Kita. Das didacta Magazin für die frühe Bildung, Heft 03/22, 1.

Glasl, Friedrich (2020): Konfliktmanagement. Ein Handbuch für Führung, Beratung, Mediation. 12. Auflage. Stuttgart: Haupt.

Hohmann, Kathrin (2018): Konflikte im Team. Verfügbar unter: www.kita-fachtexte.de/de/fachtexte-finden/konflikte-im-team (Zugriff am 14.05.2023).

Jost, Peter-J. (1999): Strategisches Konfliktmanagement in Organisationen. Eine spieltheoretische Einführung. Wiesbaden: Gabler.

Kelch, Gabriele (2009): Teamkonflikte gemeinsam lösen. Beispiele aus der Kita mit praktischen Lösungshilfen. Freiburg: Herder.

Klug, Wolfgang & Kaiser-Kratzmann, Jens (2020): Erfolgreiches Kita-Management. Unternehmens-Handbuch für Leiterinnen und Träger von Kindertagesstätten. München: Ernst Reinhard.

Krenz, Armin (2002): Teamarbeit als Voraussetzung für eine qualitätsgeprägte Elementarpädagogik. Verfügbar unter: www.kindergartenpaedagogik.de/fachartikel/kita-leitung-organisatorisches-teamarbeit/kita-leitung-und-teamarbeit/700/#:~:text=Auf%20jeden%20Fall%20macht%20Teamarbeit,Kundenorientierung%20(auf%20Eltern)%20enden (Zugriff am 14.05.2023).

Krenz, Armin (2013): Teamarbeit und Teamentwicklung. Grundlagen und praxisnahe Lösungen für eine effiziente Zusammenarbeit. Büsingen: K2 Verlag.

Lepold, Marion & Lill, Theresa (2022): Smarte Kita – Worthülse oder Zukunft? In: Meine Kita. Das didacta Magazin für die frühe Bildung, Heft 03/22, 4–6.

Lewin, Kurt u. a. (1939): Patterns of aggressive behavior in experimentally created social climates. Journal of Social Psychology 10, 271–301.

Lieb, Lisa (2018): „Welche Rollen spielen Rollen?" kindergarten heute, 9, 16–21.

Mai, Jochen (2021): Riemann-Thomann-Modell. Teampersönlichkeit ermitteln. Verfügbar unter: https://karrierebibel.de/riemann-thomann-modell (Zugriff am 14.05.2023).

Maier, Susanne & Peter, Natalie A. (2021): Erfolgreiche Teambesprechungen. Methodenkasten für die Kita. Freiburg: Herder.

Möller, Jens-Christian & Schlenther-Möller, Esta (2014): Kita-Leitung. Leitfaden für Qualifizierung und Praxis Berlin: Cornelsen.

Nolte, Johanna & Schubert-Suffrian, Franziska (2021): Spontan mit System. Agiles Management in der Kita. Das Leitungsheft/kindergarten heute, 2, 17.

Peters, Stefanie (2019): Diversity: Vielfältige Teams treffen bessere Entscheidungen. Interview. Verfügbar unter: www.humanresourcesmanager.de/content/diversity-vielfaeltige-teams-treffen-bessere-entscheidungen/ (Zugriff am 14.05.2023).
Pfreundner, Michael (2017): Teamentwicklung. kindergarten heute leiten kompakt. Freiburg: Herder.
Pfreundner, Michael (2018): Was macht ein gutes Team aus? kindergarten heute, 2, 16–21. Verfügbar unter: www.herder.de/kiga-heute/fachmagazin/archiv/2018-48-jg/2-2018/was-macht-ein-gutes-team-aus/ (Zugriff am 14.05.2023).
Preissing, Christa (2018): Verschiedene Berufe unter einem Dach (Interview vom 24. Juli 2018). Verfügbar unter: www.rund-um-kita.de/interview-preissing/ (Zugriff am 14.05.2023).
Przybilla, Andrea & Rossmeissl, Dieter (2019): Entspannt leiten. Teamführung in der Kita mit dem Enneagramm. Freiburg: Herder.
Rannenberg-Schwerin, Petra (2012): Leitung der Kindertageseinrichtung. In: Ursula Carle & Gisela Koeppel: Handreichungen zum Berufseinstieg von Elementar- und Kindheitspädagoginnen, Heft B 11, Universität Bremen.
Reifarth, Wilfried (1997): Das Enneagramm. Idee, Dynamik, Dimensionen. Ein Lehrbuch. Frankfurt a. M.: Deutscher Verein für öffentliche und private Fürsorge.
Rossmeissl, Dieter (2016): Qualitative Anforderungen an das Bildungssystem zur Teilhabe und Integration von Flüchtlingskindern. In: Deutscher Städtetag: Flüchtlingsfamilien im Schatten der Hilfe?, S. 91–99.
Sasse, Hergen (2023): Konflikte lösen. Schwierige Situationen im Kita-Alltag meistern. Freiburg: Herder.
Schulz von Thun, Friedemann (1981): Miteinander reden. Reinbeck bei Hamburg: rororo.
Strehmel, Petra (2022): Die Pädagogik und das Personal. In: Meine Kita. Didacta-Magazin für die frühe Bildung, Heft 02/22, 4–7.
Sunzi (1999): Die Kunst des Krieges. München: Droemer.
Textor, Martin R. (2014): Berufsethos – Richtschnur professionellen Handelns. Verfügbar unter: www.kindergartenpaedagogik.de/fachartikel/gruppenleitung-erzieherin-kind-beziehung-partizipation/beziehungsgestaltung-gespraechsfuehrung-konflikte/berufsethik-richtschnur-professionellen-handelns/ (Zugriff am 14.05.2023).
Thich Nhat Hanh (2022): Goldene Regeln der Achtsamkeit. Freiburg: Herder.
Viernickel, Susanne (2016): Qualität in Kitas. Verfügbar unter: https://www.nifbe.de/component/themensammlung?view=item&id=210:qualitaet-in-kitas (Zugriff am 14.05.2023).
Viernickel, Susanne u. a. (2013): Schlüssel zu guter Bildung – Bildungsaufgaben, Zeitkontingente und strukturelle Rahmenbedingungen in Kindertageseinrichtungen, Forschungsbericht. Berlin.
Vollmer, Knut (2005): Das Fachwörterbuch für Erzieherinnen und pädagogische Fachkräfte. Freiburg: Herder.
Wollasch, Ursula (2020): Reckahner Reflexionen – zur Ethik pädagogischer Beziehungen. Verfügbar unter: https://www.kita-fachtexte.de/de/fachtexte-finden/reckahner-reflexionen-zur-ethik-paedagogischer-beziehungen (Zugriff am 14.05.2023).

Internet-Quellen (ohne Autorenangabe)

www.business-wissen.de (insbesondere das Kapitel „Interkulturelle Teams führen", S. 23 ff.)
www.herder.de/leben/lebensberatung-und-psychologie/salutogenese
www.kita.de/wissen/teamarbeit-im-Kindergarten
Presseinfo Kultusministerium Baden-Württemberg (KuMi BW 2016), verfügbar unter: www.nifbe.de/infoservice/aktuelles/955-multiprofessionalitaet-in-kitas-bietet-chance-fuer-qualitaetsentwicklung
www.schulz-von-thun.de/die-modelle
www.teamentwicklung-lab.de/belbin-teamrollen
www.teamentwicklung-lab.de/tuckman-phasenmodell
www.paulwatzlawick.de/axiome.html